自分の価値に気づくヒント

ジェリー・ミンチントン

弓場 隆 訳

ディスカヴァー
携書
171

はじめに

本書には、人生を変える強力で実用的なアイデアが満載されている。だから、たんに読むだけではなく、それにもとづいて行動を起こし、実際に何かを経験してほしい。

いいことが起こるのを待つのではなく、そのいいことを自分で創造するように働きかけることが大切だ。人生が何かを与えてくれるのをじっと待つのではなく、自分から積極的にそれを探しに行こう。心の持ち方が前向きで、しかも強い意志があれば、人生に奇跡を起こす準備はすべて整っている。

とはいえ、どんなに心の持ち方が前向きで、どんなに努力をしても、ときには疲れ果てて打ちのめされたような気分になることもあるだろう。だが、それは世界の終わりではない。

うまくいかずに落ち込むことは誰にでもある。そんなときは、この状態は一時的であり、最終的に自分は必ず勝つと確信すべきだ。

自分にこう言い聞かせよう。私には限界はなく、その気になれば何でもできる、と。

あなたは心の中で成功を恐れていないだろうか？　この問いかけに対し、あなたは「成功を恐れる理由なんてどこにもない」と一笑に付すだろう。

はたしてそれは本音だろうか？　胸に手をあててよく考えてみよう。信じられないかもしれないが、あなたは心の奥底で「自分は成功するに値しない人間だ」と思っている可能性がある。

あなたがどれくらい成功するかは、自尊心の度合いに左右される。ここでいう自尊心とは、おごりや高ぶりのことではなく自分の価値を認める気持ちのことだ。自尊心の乏しい人は、無意識に成功を避ける傾向がある。たとえば、

1　高い地位を与えられても、「自分はつまらない人間だ」と思い込んでいるかぎり、自滅してその地位から転落しやすい。

2　汗水たらしてお金を稼いでも、「自分は裕福になるに値しない」と思い込んでいるかぎり、すぐにお金を使い果たすおそれがある。

3　素晴らしい恋人を見つけても、「自分にはふさわしくない相手だ」と思い込んでいるかぎり、なんらかの方法で相手を遠ざけてしまいかねない。

健全な自尊心を持とう。「自分は成功するに値する人間だ」という信念を持とう。そうすれば、自分の成功を素直に受け入れて充実した人生を送れるようになる。

自分の価値に気づくヒント◎目次

第2章 いい思考の習慣をつける

第3章 なりたい自分になる工夫をする

第4章 自分の人生に責任を持つ

第5章 自分の生き方を追求する

第6章 完璧主義をやめる

第7章　人間関係を円満にする

第8章 自尊心を高める

第9章　ぞんぶんに人生を楽しむ

第10章 自分に誇りを持つ

第11章 心を磨く

第1章 新しい自分を創造する

1
自分を受け入れる

ほとんどの人は、あるがままの自分がそんなに好きではない。自分に長所があることはわかっているが、それ以上に短所があることを痛感しているからだ。そこで私たちは、自分がまだ完璧ではないという理由で、完璧な人間になるまで自分を受け入れようとしない。

ここで、重要な考え方を紹介しよう。

1　完璧である必要はない。あるがままの自分を受け入れればいいのだ。変えたい部分は誰にでもあるものだが、それも自分の一部なのだから受け入れる必要がある。
2　自分をあまり厳しく批判してはいけない。ときには好ましくない行動をすることもあるが、だからといってダメな人間というわけではない。それはむしろ正常な人間で

ある証しなのだ。

ここに最も重要な事実がある。それは、自分の好ましくない部分を受け入れて初めて変化を起こすことができるということだ。

次のことを心に刻んでおこう。自分を受け入れるために変わる必要はない。変わるためには、まず、自分を受け入れることが必要なのだ。

こう考えてみよう！

完璧でなければならないという思い込みを捨てよう。まず、あるがままの自分を受け入れることが大切だ。

2 自分の価値を信じる

子どものころは繊細で敏感である。人はみな、その多感な時期に自分について多くの信念を持つようになる。幸せな人生を送るのに役立つ有益な信念もあれば、不幸な人生の原因になる有害な信念もある。

後者には、「自分は人間として価値がない」という信念も含まれる。そのような信念を持っている人が存在するのは意外かもしれないが、それは決して少数派ではない。実際、ほとんどの人がそういう有害な信念を持っている。成長の過程で周囲の大人から、「お前は欠点だらけだから価値がない」という意味のことを何度も言われているからだ。

しかし、それは完全に間違っている。周囲の人がどれほどあなたを過小評価しようと、あなたはたいへん価値のある人間なのだ。

誰かがあなたの価値をおとしめる発言をしても、それは真理ではない。あなたは他のすべての人と同じように、最高の人生を送る価値のある人間なのだ。

こう考えてみよう！

「自分は価値のある人間だ」という信念を持とう。
周囲の人のネガティブな意見を受け入れる必要はない。

3 自分を認める

あなたは「自分はこの世の中のひとつの歯車にすぎない」とか「自分がいなくても、世の中は同じように動き続ける」と思ったことはないだろうか？

自分が取るに足らない存在だと思い込んでいる人は、自分の仕事についても同じように思ってしまいやすい。たいていの場合、私たちが重要だと思っている仕事は、高学歴を必要としたり、人命を救助したり、特別な才能を発揮したりする仕事だ。

マスコミに取り上げられないとか、栄えある賞を受賞していないという理由で、私たちは自分のしていることが取るに足らないと思いがちだ。しかし、たとえ世間の注目を浴びなくても、あなたは無意味な存在ではない。あなたの活動は、程度に差はあっても、多くの人の生活になんらかの貢献をしているからだ。

それは、池の水に石を投げたときに起きる現象と似ている。石が水面に当たると、その影響はさざなみを発生させて広がっていく。

あなたの日々の活動は、多くの人の生活に貢献している。同様に、多くの人の活動もまた、あなたの生活に貢献している。つまり、人はみな、貴重な社会貢献をして支えあっている存在なのだ。

こう考えてみよう！

自分は社会に貢献しているという誇りを持とう。たとえ目立たなくても、誰もが社会に貢献しているのだ。

4 自分の可能性に目覚める

ごく少数の人を除けば、ほとんどの人は子どものころから「自分はわずかな能力しか持っていない」と思い込んで大人になる。実際、自分の能力を10段階で評価すると、ほとんどの人の自己評価は「1」か「2」、せいぜい「3」だろう。しかし、私たちは「9」か「10」という高い評価を自分に与えるべきである。

問題は、能力が不足していることではなく、それを開発する時間が不足していることである。あまりにも莫大な能力を秘めているために、それをすべて開発するだけの時間がないのだ。

人生を挑戦の連続と考えよう。自分の潜在能力を発見し、開発し、活用して、新しいことに積極的に挑戦すれば、無限の可能性が開けてくる。

普通のピアノには88の鍵盤がある。しかし、その中のほんの少しの鍵盤しか使わないなら、退屈なメロディになってしまう。もっと多くの鍵盤を使ってみよう。そうすれば素晴らしいメロディを奏でることができるはずだ。

こう考えてみよう！

自分の中に眠っている能力をぞんぶんに発揮しよう。
無限の可能性を追求することが人生の最大の課題だ。

5 一歩ずつ前進する

自己啓発書を読んで自分の潜在能力に目覚め、それをぞんぶんに発揮しようと意欲を燃やす。そこで本の提案をすべて実行しようと決意する。そこまではいい。

しかし数日後か数週間後には、自分がほとんど進歩していないことに気づく。本の提案をすべて実行するには相当な時間がかかるから、退屈に思えてくるのだ。結局、途中で投げ出してしまい、自分のふがいなさにがっかりする。

なぜこんなことになるのか？　答えは簡単。一度に多くのことをしようとするからだ。ほとんどの人は仕事や私事で忙殺され、自己啓発書のプログラムを日常生活の中に組み込むことができないのが現状だ。

一匹のサルがジャングルで食べ物を探していた。すると、木のそばに大きなひょうたんがあるのが見つかった。のぞき込むと木の実がたくさん入っている。しめしめと思ったサルは、片手を中に突っ込んだ。ところがその手をひょうたんから抜こうとすると、木の実をいっぱいつかんでいるので抜けなかった。

サルがひょうたんの中に手を入れて立ちすくんでいると、罠を仕掛けた人間が戻ってきた。そしてまた獲物が捕まっているのを見て、にんまりした。

もしサルが「一度に多くのことをしようとするな」という教訓を理解していたなら、こんなことにはならなかっただろう。あなたもこの教訓を肝に銘じる必要がある。自己啓発書のプログラムは一度に多くのことをしようとするのではなく、少しずつ実行しよう。そうすれば、遅かれ早かれ必ず成功する。

こう考えてみよう！

一度に多くのことをしなくていい。
少しずつ実行すれば必ず成功する。

6 自分を改善する

大多数の人は自分の不完全さを嘆きながら生きている。容姿がよくない、裕福ではない、才能がない、頭が良くない、などなど。私たちはなんらかの点で自分より優れている人と比較し、「自分はこんなに劣っている」と悩む。

しかし実際には、私たちは今のままで十分に素晴らしいのだ。自分の不完全さを嘆く必要はどこにもない。とはいえ、自分を改善する努力はしないよりはしたほうがいい。

今、あなたは変化しているし、生きているかぎり永久に変化し続ける。もし自分を改善しようとしないなら、遅かれ早かれ、改善せざるをえない状況に追い込まれることを肝に銘じよう。

自分を改善することを選ぶなら、次のことを試してみよう。紙とペンを用意し、自分の中で改善したい部分をリストアップするのだ。そして各項目の横に、努力しだいで改善できるなら「A」、改善するために誰かの助けが必要なら「B」、いくら努力しても改善できないなら「C」と記入する。

この作業が終われば、「A」の項目に取りかかる行動計画を立てよう。そして、「B」の項目について別の行動計画を立て、「C」の項目については全面的に受け入れる決意をしよう。

自分を含めて人はみな、不完全であることを認識しよう。大小を問わず、欠点は誰にでもある。それはごく当然なことだ。私たちは完全でなくてもいい。だが、今の不完全さを少しでも改善する努力は常にするべきだ。

こう考えてみよう！

自分の中の改善したい部分をはっきりさせ、それを改善しよう。

7 変化を受け入れる

ほとんどの人は望みどおりの人生を送るために努力をする。友人と知人を選び、配偶者を決め、衣食住の工夫をし、それ以外の部分についても細心の注意を払って快適な生活を送ろうとする。

その後、長期にわたって物事は順調に進む。だが、いくら念入りに計画をし、どんなに努力をしても、人生を変えるようなことが起こる。それまで夢心地の状態だったのに、突然、厳しい現実が降りかかるのだ。

私たちの生活は一瞬にして変わることがある。問題が発生する可能性はいくらでもあるから、それは避けられない。身近な人の死、失業、事故、離婚、倒産、などなど。これらの出来事は私たちの生活に大なり小なり影響を与える。

人生は絶えず動いている。好ましい方向に動くこともあるが、そうでないこともある。この事実を受け入れることは運命論でも悲観論でもなく、人生の現実を素直に認めることだ。そういう意識を持って生きていけば、不測の事態に備えることができる。

変化をいやがることは重力をいやがるようなものだ。どんなに忌避しようとも、人はみな、その影響を受ける。人生の転機が訪れたとき、変化を受け入れるか抵抗するかのどちらかだが、変化を受け入れたほうがうまくいくことのほうが多い。

要は、好奇心を持って生きていくこともできるし、警戒しながら生きていくこともできるということだ。ここで、重大な事実を指摘しよう。人生は悪い方向に変化することもあるが、心の持ち方しだいで好転させることができる。

こう考えてみよう！

不測の事態が起こることは避けられない。
人生で起こる予期せぬ出来事を受け入れよう。

8 人生観を変える

誰でも不快な出来事に遭遇するが、それに対する反応は同じではない。悲観的な人はその状況の最悪の面に意識を向け、自分の不運を嘆く。それに対し楽天家は、その状況のネガティブな面を承知しつつもポジティブな面に意識を向ける。

楽観論者も悲観論者も無意識に同じことをしている。自分の人生観にもとづいて状況を解釈しているからだ。命にかかわらないかぎり、どんな状況でも本質的には中立的だが、人生観しだいでよくも悪くも見える。心の持ち方は健康や幸せにも影響をおよぼす。状況をポジティブに見れば気分がよくなるし、ネガティブに見れば気分が悪くなる。きわめて単純明快だ。

具体例1　男性がリストラされた。しかし、彼は悲観的になるのではなく、それを好機ととらえた。よりよい仕事を見つけるか、新しい職種に挑戦するか、自分で事業を立ち上げるか。それ以外にも多くの選択肢があると気づいたからだ。

具体例2　女性がリビングルームを改装するためにペンキを買った。だが、家に帰って缶を開けると、注文していた色と違っていることに気づいた。腹が立って壁にペンキを塗りたくったところ、自分が注文していた色よりいいと思った。

人生のあらゆる面にポジティブな要素を探すことを習慣にしよう。それは探せば必ず見つかる。ネガティブな要素のほうが大きいように見えることもあるかもしれないが、ポジティブな要素に意識を集中するよう心がけよう。

こう考えてみよう！

どんな状況も人生観で見方が変わる。
前向きな姿勢を維持して幸せな人生を築こう。

9 夢をかなえる努力をする

人はみな、将来のために素晴らしい夢を見る。仕事で業績をあげ、地位を確立し、財産を築き、豪邸を建て、魅力的な異性と愛しあい、高級車を乗り回し、美しい観光地を訪れ、ワクワクしながら毎日を過ごす。

だが、こういう楽しい想像にふけったあと、退屈な現実にいやいや意識を戻す。そこには、さっきまで見ていた夢の喜びはない。そこで白昼夢が現実になることを望み、幸福と財産と恋愛への近道を探し続ける。宝くじに当選するか、莫大な遺産を相続するか、なんらかの幸運に恵まれて何不自由ない生活を送れることを願う。

こういう状況を心の中で思い描くものの、大多数の人にとって、それは想像上の出来事にすぎない。だが、そうである必要はない。人はみな、この素晴らしい世界の中で欲しいと思うものはほとんど何でも手に入れることができるからだ。唯一の課題は、ある程度の努力をする必要があるということである。

しかし、これこそ、多くの夢が立ち消えになるゆえんなのだ。なぜか？　夢を見るだけの人は、欲しいものを手に入れる努力をしたがらないからだ。

近道を見つけることができるなら、その目的地は行く価値がない。望んでいるだけでは何も起こらないし、夢を見ているだけなら、しょせん、お願い事でしかない。夢をかなえる努力を惜しむなら、夢はいつまでたっても現実にならない。

こう考えてみよう！

望んでいるだけでは現実にならない。
欲しいと思うものは努力によって手に入れよう。

10 全力を尽くす

人はみな、今よりいい暮らしをして人生をもっと楽しみたいと思っている。ではなぜ、私たちはまだそれを経験せず、それを願う状態にとどまっているのか？　多くの人は努力を惜しんで何かを得ようとするからだ。

一部の人はまったく努力をせず、自分の願望が奇跡的に実現することを願っている。宝くじに当選する、莫大な遺産を相続する、大富豪と結婚する、数百万ドルの価値がある大発見をする、一攫千金を狙って巨富を築く、などなど。彼らはそうした方法で夢を実現しようと考えている。

しかし、それらの方法には大きな落とし穴がある。それは、偶然に頼っているということだ。どれをとっても、実現の可能性はかなり薄いと言わざるをえない。

農民がウシに荷車を引かせて田舎道を歩いていると、車輪が溝にはまって立ち往生した。農民は落胆してため息をつくばかりで、車輪を溝から引き上げようと努力せず、怪力ヘラクレスが窮地を救いに来てくれることをひたすら祈った。

ついにヘラクレスは祈りを聞き、農民の前に現れた。だが、ヘラクレスは農民の期待とは違う解決策を提示した。

「この問題は自分で解決できる」とヘラクレスは断言した。「両肩に車輪をのせ、ウシを使って荷車を引き上げなさい。できることをすべてやるまで、安易な気持ちで私に助けを求めてはいけない」

人生は多くの報酬をもたらしてくれる。それを手に入れたいなら、明るい未来を夢見るだけでなく、それを実現するために自らすすんで努力をすることが重要だ。

こう考えてみよう！

偶然に頼っていると何も実現しない。
明るい未来のためにできることをすべてやってみよう。

11 自分を変えて世界を変える

私たちは世の中に存在するさまざまな問題を嘆く。「人びとは利己的で、強欲で、敵意に満ち、意地悪だ」などと、人間にありがちな多くの不完全な性格について愚痴を言う。世の中が変わることを切望し、すべての人が幸せで充実した人生を送るために必要な美徳の実践を期待する。

インド独立の父マハトマ・ガンジーは、「世界に変革を求めるのなら、まず自分を変えよ」と説いた。これはすべての美徳についてあてはまる。たとえば、人びとが利己心を抑えることを願うなら、まず自分が利己心を抑えなければならない。

次のことを自問しよう。もし世界の平和を祈るなら、自分も日ごろ平和な人間関係を構築しているだろうか？　もし人びとになんらかの美徳を望むなら、自分も常にその美徳を実践しているだろうか？

地球上の人びとがこうあってほしいと思う変化があるなら、まず自分がその変化を起こそう。人びとが模範を示すことを期待するより、自らすすんで人びとに模範を示そう。もしあなたの言動が称賛に値するものなら、人びとはあなたを見習って称賛に値する言動を心がけるだろう。

こう考えてみよう！

人に変化を望むなら、まず自分が変わるべきだ。
自らすすんで人びとに模範を示そう。

第2章
いい思考の習慣をつける

12 いい思考の種を植える

自分の心の中に浮かぶ一つひとつの思考を「種」と考えよう。何かを考えるたびに、あなたは種をまいている。あなたは日常生活の中でいくつもの種をまき、やがてその収穫を得る。こうして思考が現実になる。

思考の種をまくことは、「思考の口座」に預け入れをするようなものだ。時間がたてば利息とともに引き出すことができる。当然、預け入れる思考が多ければ多いほど、引き出すものも多くなる。

ネガティブなことばかり考えていると、ますますネガティブな状況を引き寄せる。誰かを思い浮かべて「ひどい人間だ」と考えて過ごしていると、あなた自身もひどい人間になる。不平ばかり言っていると、さらに不平を言いたくなる状況に身を置くはめになる。

それに対し日ごろポジティブなことを考えて過ごしていると、ますますポジティブな人間になり、ますます人生が楽しくなる。その結果、ポジティブで楽しい人や状況を引き寄せる。

「類は友を呼ぶ」ということわざがある。周囲を見渡して、自分がどんな環境にあるか、どんな人間とつきあっているかを調べてみよう。そうすれば、この格言が真理であることがわかる。今までと違う状況に身を置き、今までと違う人とつきあいたいなら、今までと違う思考をする必要がある。

ブッダは「人間は自分の考えているものの結果である」と説いた。邪悪な思考をしているなら、苦しみは避けられない。それに対し純粋で幸せな思考をしているなら、幸せな人生を送ることができる。

こう考えてみよう!

自分の考えていることが、自分の状況を決める。
ポジティブな思考によって幸せを引き寄せよう。

13 いつも物事のいい面を見る

あなたは人生のいい面を本気で探しているだろうか？
そして、いつもそうしている楽観論者の特徴とはどのようなものか？

1　いっしょに仕事をしていて楽しい
2　仕事に対していつも前向きである
3　自分に自信がある
4　物事をポジティブにとらえる
5　やればできると信じている

それに対し悲観論者の特徴は……

1　いっしょに仕事をしていて楽しくない
2　仕事に対していつも不平を言う
3　自分に自信がない
4　物事をネガティブにとらえる
5　やる前からダメだと思い込んでいる

盲聾《ろう》唖《あ》を克服して社会福祉に尽力したヘレン・ケラーは、次のように断言している。

「悲観論者が人類のために道を切り開いたことは、いまだかつて一度もない」

こう考えてみよう！

ネガティブに考えているといい結果は生まれない。常にいい方向で考え、最高の人生を創造しよう。

14 好き嫌いを減らす

あなたは好き嫌いが激しくないだろうか？　実際、多くの人は「あれが嫌い、これが嫌い」と言う。嫌悪の対象は人によってさまざまだ。ものであれ人であれ、多くの人は何かに対して嫌悪感を抱いている。

嫌悪感を抱くことは無害なように見える。たしかに嫌悪の対象が少ない場合は無害だが、嫌悪の対象が多いと相当な代償を払わなければならない。最悪の代償は自尊心の低下だ。一般に、多くの対象に嫌悪感を抱いている人は、自分をあまり好きではなく、被害者意識にさいなまれている。

ここに重大な疑問がある。多くの対象に嫌悪感を抱くことが自尊心の低下を招き、不快感を引き起こすなら、利口な人はそんなことをしないはずだ。ところが実際には、多くの人がそれを毎日のようにしている。

当然のことながら、何かに嫌悪感を抱いたところで、その対象には何の影響もなく、むしろ自分を傷つけるだけだ。何かが嫌いだと思い込むとき、あなたはその対象に精神状態を左右される。嫌悪感が強ければ強いほど、その支配力は強くなる。多くの対象に嫌悪感を抱くと大切なエネルギーを奪われ、人生がみじめになるのは、そういうわけだ。

では、どうすればいいか？　好悪の判断を差し控えて最終的に忘れてしまうべきだ。たとえ忘れられなくても、中立的な気持ちになれば精神的に楽になる。

このことはよく覚えておこう。あなたの幸せの度合いは、あなたが心の中で抱いている嫌悪感の度合いに反比例する。嫌悪の対象が多ければ多いほど不幸せになる。もしどうしても好きになれないものがあれば、我慢することを覚えよう。

こう考えてみよう！

何かに嫌悪感を抱くと自尊心が低下する。嫌悪の対象を少なくして快適な人生を送ろう。

15 批判に耳を傾ける

人はみな、批判されることを嫌う。多くの人はすでに心の中で自己批判をしているから、さらに他人から批判されることに反発を感じるのだ。

なぜ人びとは他人を批判するのか？　欠点を指摘することによって向上してほしいと願っているからだ。このタイプの批評家は、相手の最大の利益を考えている。

それに対し別のタイプの批評家は、他人に悪意を抱いている。だから、ほとんど誰に対しても攻撃を仕掛ける。弱い立場にある人に対しては、とくにそうだ。批判の目的は、相手を怒らせ、傷つけ、恥をかかせることである。こうした悪質な批判は無視するにかぎる。

誰かに批判されたときは、どう対処すればいいだろうか？　次の三つのステップを踏むといい。

１　腹を立てたり自己弁護をしたり報復したりしないよう冷静になる
２　批判の内容をじっくり検討する
３　適切な批判だと思えば、指摘された欠点を改善する方法を考える

誰かに批判されたからといって、あなたは決して悪人というわけではない。批判を謙虚に受けとめて成長の糧にしよう。どんなときでも自分が進歩の途上にあることを忘れてはいけない。

こう考えてみよう！

悪意の込もった批判は無視するにかぎる。
適切な批判を受け入れて自分を磨こう。

16 業績のリストを作成して自分を励ます

ほとんどの人は物事がうまくいかずに頭を抱えてしまうような状況をときおり経験する。そんなときはついつい自分を哀れみ、不幸を嘆き、人生全般に不満を抱きやすいものだ。

しかし、そのようなネガティブな心理状態におちいると過去の不幸な出来事を心の中で再生してしまい、ますます気分が滅入るだけだ。そこで、その悪循環から脱出するために、自分があげた業績のリストを作成し活用するといい。

一枚の紙とペンを用意し、一生懸命に磨いた技術、勉強して取得した資格、がんばって達成した目標、努力して勝ち取った賞をリストアップしよう。どんなささいなことでもいい。自分が精進しておさめた業績をすべて書き出してみるのだ。

なぜわざわざこんなエクササイズをするのか？　自分に関するポジティブな事実を思い

起こすことができるからだ。少し時間をかけてこのリストを作成すれば、あなたは自分の人生が業績に満ちていることに気づくだろう。

いったんリストを作成したら、それを携帯しよう。うまくいかずに落ち込んでいる日や調子が悪くていらいらする日は、そのリストを見て自分がおさめた業績を思い出すといい。自信がわいてきて、どんな困難にもくじけない前向きな気持ちを取り戻すことができるだろう。

こう考えてみよう！

うまくいかないときは自分の業績を思い出そう。
ネガティブな心理状態を脱出し、
自信を取り戻すことができる。

17 正直な言動を心がける

正直さとは、個人的な解釈を交えずに真実をありのままに言うことである。言い換えれば、真実を包み隠さずに話すことだ。人と誠実かつ公平にかかわるという意味で、プライベートであれ仕事であれ、いかなる人間関係においても正直さは不可欠な要素である。

たいていの場合、真実を言うことはよいことだ。ときには不正直であることが苦境を逃れるための打開策のように思えるかもしれないが、うそをつくことは裏目に出ることが多い。世の中のすべてのうそつきが痛感してきたとおり、うそをつくことは自分を苦しめる結果になりやすい。しかし、にもかかわらず、多くの人はうそをついてその場をなんとか切り抜けようとする。

不正直な人は自分を不利な立場に追いやる。自分の不正直さが明るみに出たら人びとの信頼を失い、あてにならない人物という烙印を押されるからだ。人生のひとつの側面で不正直だと思われたら、他のすべての側面で不正直な人間だという目で見られやすい。

では、興味がないパーティーに招かれたとき、うそをつくことなく正直に対応するにはどうすればいいだろうか？「ありがとうございます。でも、あいにくその日は別の予定が入っています」と真実を言えばいい。相手の容姿について意見を求められ、本音を言いたくなければ、「あなたのこんな姿を見るのは初めてです」「これはいい色ですね」といった中立的な意見を述べればいい。

人間の価値は人格によって決まるが、その中で正直さは最大の要素である。常に正直であることを心がけよう。そうすれば、気分がよくなるし、自尊心が高まる。

こう考えてみよう！

不正直さは自分を不利にする。
いかなるときでもうそをつくことはせず、
正直になろう。

18 新しい考え方を受け入れる

自分と異なる考え方に出合ったとき、立ち止まって考えてみよう。もしかすると、自分の今までの考え方が間違っていたのではないか、と。

実際、これはきわめて重要な問題である。なぜなら、あなたの言動はすべて、あなたの考え方の結果だからだ。あなたの人生を左右する多くの要素の中で最大の影響力を持っているのは、あなたの考え方である。

自分と異なる考え方について考えるとき、それを受け入れることが自分の人生にどんな影響をおよぼすかを考えてみよう。それはよい影響か悪い影響か？　これはたいへん有意義な問いかけだ。

一般的に言って、あなたが経験する問題のほとんどは、あなたの間違った考え方に由来している。最近、そのためにトラブルを起こしていないだろうか？　もしそうなら、自分の考え方を改めたほうがいい。

だが、あなたは反論するかもしれない。「自分の考え方は世間では常識として受け入れられている」と。

ノーベル文学賞を受賞したイギリスの哲学者バートランド・ラッセルは、この点について次のように指摘している。

「ある考え方が広く受け入れられているからといって、その考え方がばかげていないという根拠にはならない。それどころか、人類の大多数が愚かであることを考えると、広く受け入れられている考え方は、妥当であるよりもばかげている可能性のほうが高いと言える」

新しい考え方は新しい選択であり、新しい行動の出発点なのだ。

こう考えてみよう！

自分と異なる考え方には、人生を変える可能性がある。ときには常識に逆らってみよう。

第3章
なりたい自分になる工夫をする

19 大好きな仕事を見つける

あなたは自分の仕事が好きだろうか？　大多数の人は自分の仕事が嫌いである。退屈で単調で報酬の少ない仕事をするために、朝早く起きて出かけるのが不愉快でしかたがない。退職するまでこんなことをして一日の大半を過ごすなんてぞっとする。それが彼らの本音である。

「こんな仕事を続けなければならないなんて、すごくみじめだ」と考えるより、自分に合った仕事を見つけたほうが精神衛生上好ましい。次の質問に答えよう。

1　自分が打ち込める仕事とは、どのようなものか？

2　どういう技術と能力を使いたいか？

3　一人で働きたいか、他の人といっしょに働きたいか？
4　頭脳労働か肉体労働か、どちらがいいか？
5　働くのは昼間か夜間か、またはどちらでもいいか？
6　給料はどれくらい欲しいか？

以上の基準に照らし合わせて、どんな仕事が自分にとって理想的か考えてみよう。
自分の好きな仕事をしているとき、あなたは心身ともに深い充実感を得る。だから、あっという間に時間が過ぎ去る。
理想の仕事を見つけるには時間がかかるかもしれない。だが、どんなに時間がかかっても、いったんその仕事に就いたなら、大きな喜びを得ることができる。

こう考えてみよう！

時間をかけてでも心から楽しめる仕事を見つけて、それに打ち込んでみよう。

20 なりたい自分をイメージする

あなたは自分の行動のどの側面を変えたいだろうか？　たとえば、もっと外向的になりたいとか、初対面の人とも打ち解けて話せるようになりたい、などなど。

自己啓発のテクニックの中で、イメージトレーニングはその簡単さゆえに見落とされがちだが、自分を変えるうえで重要なテクニックである。そのやり方はこうだ。自分の行動の中で変えたい部分を決め、自分がすでにそうなっている様子をイメージするのだ。単純な方法のように思うかもしれないが、その仕組みはいくぶん複雑である。

脳は自分の行動を神経経路に記録する。同じ行動を繰り返すたびに神経経路が強化され、今後、同じ行動を繰り返すのがさらに容易になる。あなたが望んでいる変化を起こすためには、あなたが選んだ新しい行動のための新しい神経経路をつくり出す必要がある。

自分が起こしたい変化について考えてみよう。自分がなりたい自分になって行動している様子をできるだけ鮮明に心の中でイメージしよう。と同時にそのときの気分もイメージするといい。

この手順を何度も繰り返すことが重要だ。そのたびに新しい神経経路を強化し、段々自然にできるようになる。ただし、これは一夜にしてできることではない。

ある意味で、あなたは生まれてからずっと自分の行動を変えてきたと言っても過言ではない。新しい行動を喜んで開発する度合いに応じて、あなたの人生は好転する。イメージトレーニングによって、あなたは自分の好きな行動を選ぶ機会を得ることができる。

こう考えてみよう！

理想のイメージを繰り返すたび、
自然とできるようになる。
心の中のイメージで自分を変えていこう。

21
望みどおりの人生をつくる

あなたは現状に満足しているだろうか？　人間関係は良好だろうか？　文明の利器の恩恵に浴しているだろうか？

もし以上の質問のどれかに「ノー」と答えるなら、引き寄せの法則を使うことによって、あなたは自分が欲しいものをより多く手に入れることができる。

たとえば、もっと繁栄したいなら、繁栄について考えればいい。そうすれば繁栄を引き寄せることができる。特定の対象について意識を集中することは、それを実現するアイデアを思いつくのに役立つ。

特定のタイプの人を引き寄せたければ、そういう人に意識を集中すればいい。そうすれば、あなた自身がそういう人になり、その結果、あなたは自分と同じような人を引き寄せる。同類の人はいっしょにいると心地よさを感じるからだ。

しかし、引き寄せの法則は使いようによっては両刃の剣となる。たとえば、自分の欠点についてずっと考えていると、それがますます力を持つようになるし、意地悪な人について考えていると、自分に災厄を招くことになる。

このプロセスは神秘的でも魔術的でもない。自分が望む変化に意識を集中すると、その考えが脳裏に焼きつき、その変化をもたらす人やものに敏感に反応するのだ。

引き寄せの法則を知り、それを使うことによって、あなたは望みどおりの人生を選ぶことができる。とはいえ、引き寄せの法則について知らなくても、あなたは知らず知らずのうちにいつもそれを使っている。そしてその結果が、善かれ悪しかれ、あなたのこれまでの人生なのだ。

こう考えてみよう！

ポジティブな思いによって
素晴らしい現実を引き寄せる。

22 なりたい自分になる

紙とペンを持って座り、リラックスしながら、なりたい自分を心の中でイメージし、次の問いに対する答えを書き出そう。

1 どんな服を着たいか？
2 どんな髪型が好みか？
3 どんな体型になりたいか？
4 日ごろどんな行動をしたいか？
5 自分の性格の最大の特徴は何か？
6 人びとにどう思われたいか？

7　どんな話し方をしたいか？
8　もっと外向的になりたいか？
9　どんな友人とつきあいたいか？
10　どんな人と恋愛をしたいか？

リストの中で最も簡単に達成できそうな目標を選び、達成計画を立て、それに取りかかろう。そしてそれが達成できれば、次の目標に移ってどんどん目標を達成していこう。

このようにして自分を変えるのは不自然に思えるかもしれないが、今まで無意識にしてきたこととなんら変わらない。唯一の違いは、今までのように周囲の人に決めてもらうのではなく、自分で決めるということだ。

こう考えてみよう！

リストを書いて、達成計画を立て、自分で決める。なりたい自分になる力を持っていることに気づこう。

23
自制心を働かせる

古代から現代にいたるまで、多くの賢人や有名人が自制心の重要性を強調している。たとえば、ブッダは「千の戦いに勝つよりも自分に打ち勝つほうがいい」と説き、タイガー・ウッズは「自分の気持ちをコントロールできる人間が勝利をおさめる」と言っている。

自制心は「自分に打ち勝つこと」と解釈されることが多いが、そういう解釈は、二人の自分がいて、一方が他方をコントロールするという考え方が前提になっている。しかし、自分をふたつに分ける必要はない。自制心とは、目標を設定し、優先順位を決め、それをやりとげることだからだ。

それはまた、自分の活動を三種類に分けて考えることでもある。

1　不可欠な活動：目標を達成するために絶対にしなければならない活動
2　余計な活動：目標を達成するうえで障害となる活動で、それが多すぎると目標を見失いやすい
3　中立的な活動：あなたを前進させることも後退させることもないが、多すぎるとやはり障害になる活動

大胆な将来設計をし、それを達成するだけの価値があると思ったら、目標の達成に不可欠な活動に専念しよう。そのためには、自分の好きなことを控えなければならないこともある。それについては、自分の活動が目標の達成に役立つかどうかという観点から判別しよう。

こう考えてみよう！

自分の活動は、不可欠な活動、余計な活動、中立的な活動に分けられる。優先順位を決めて目標を達成しよう。

24 想像力を高める

あなたは豊かな想像力を持っているだろうか？　もし持っていないなら、想像力を高める練習が必要だ。なぜなら、豊かな想像力は幸せな人生を送るうえで不可欠だからだ。

自分が欲しいものを手に入れるためにはどうすればいいか？　偶然の幸運に頼ることはできない。あなたは自分がしたいことをし、好きなところに行き、思いどおりの暮らしをしていることを想像できなければならないのだ。

私たちは自分の欲しいものを心の中で生き生きと思い描く必要がある。それはちょうど、建築家が使う青写真のようなものだ。それを心の中でリアルに想像すれば、あとは意識をそれに集中しよう。そうすることによって実現の可能性がかなり高くなる。

ここで大事なことがふたつある。

まず、自分の欲しいものを明確にしよう。簡単なことのように思えるかもしれないが、ほとんどの人は自分の欲しいものについて漠然としたイメージしか持っていない。

次に、心の中の映像に意識を向けるたびに、「それを現実にするにはどうすればいいか？」と自問しよう。願望が偶発的に実現することはめったにない。たいていの場合、心の中の映像を現実にするためには、一定の精神的・肉体的な努力が必要になる。

自分が幸せをつかんでいる状況を想像しにくいなら、自分がそれに値しないと思い込んでいるからだ。その場合、あなたは自尊心を高める必要がある。

自分が素晴らしい人生を送るに値する人間だと信じるまで、自分が欲しいものを手に入れることはむずかしい。もし幸せな人生を想像しにくいなら、比較的簡単に実現できる小さい目標から始めると効果的だ。

こう考えてみよう！

自尊心を高め、幸せな人生を送るために必要な自分の願望を、心の中ではっきりと思い描こう。

25 熟考する習慣を身につける

熟考とは、物事を深く考えることである。人はみな、熟考しているが、それを熟考とはみなしていない。

熟考することは簡単である。あまり意識して考える必要のない単純作業をしているときは、とくにそうだ。お皿を洗ったり部屋の掃除をしたりしているとき、なんでも好きなことをじっくり考えることができる。

特定の問題を解決しようとしているとき、それを熟考の対象にしよう。あれこれ迷う必要はない。その問題のさまざまな側面について考えるだけでいい。答えを見つけようと躍起になって自分にプレッシャーをかけてはいけない。リラックスして思考をその対象に向ければいい。

それ以外に何について熟考できるだろうか？　どんなことでもいい。何から始めていいかわからないなら、人生について熟考することから始めるといい。あるいは、自分の存在価値とか世の中をよくする方法でもいい。ただし、ここで注意しておこう。心配事などのネガティブなテーマを選んではいけない。なるべくポジティブなテーマについて考えるほうが有益だ。

熟考についてどれくらいの時間を割くべきだろうか？　好きなだけ時間を使えばいい。日常的に熟考する習慣を身につけることは、ストレスを減らし、有益な情報を得るための素晴らしい方法だ。

こう考えてみよう！

ポジティブなテーマについて好きなだけ時間を使って
熟考し、心を解きほぐそう。

第4章
自分の人生に責任を持つ

26 目標を細分化する

ある朝、マリアンはナンシーが運送業者に家財道具の取り扱いを指示しているのを見かけた。たずねてみると、高級住宅地に引っ越すことになったという。数年前にセミナーで習った目標の細分化を実行に移したら夢が実現したらしい。

「本当？」マリアンは首をかしげながら言った。「私も同じセミナーを受講したけれど効果はなかったわ」

「私には絶大な効果があったわよ」ナンシーは言った。「まず、長期的な目標を設定し、それを達成する決意をしたの。そしてその目標を細分化し、それぞれを達成するための短期的な計画を立てたのよ。次に、不動産業について学び、資格を取得し、不動産会社を開業したところ、事業が順調に発展したっていうわけ。でも、私の大きな目標は建築会社を設立することなの。すでにその勉強を始めているのよ」

「なるほど」マリアンは言った。「あなたの業績から判断すると、きっとその目標も達成できそうね。セミナーの資料はまだ私の手元にあるから、私も復習してみようかしら。あなたの体験談はとても参考になったわ」

このように、明確な目標を持つことには多くの利点がある。欲しいものを手に入れるのに役立つだけでなく、目標に意識を集中することができる。要するに、成り行きに任せて生きていくこともできるが、目標を設定して人生の舵取りができるということだ。

目標を設定したからといって必ず達成できるという保証はないが、細分化の原理を応用して成功した人はたくさんいる。あなたもその一人になることができる。

こう考えてみよう！

人生では明確な目標が道標となる。
大きな目標を細かく分け、それを次々と達成しよう。

27 自分の選択に責任を持つ

人はみな、一日の中で数多くの選択をするが、そのほとんどが無意識によるものである。しかし、まさにそれこそが問題の原因になっている。

自分が適切な選択をしてきたかどうか、どうすればわかるだろうか？　一般に、選択が適切だったかどうかは、現在の幸福の度合いによって測定できる。自分の生活を調べてみるといい。あなたは経済状態、人間関係、仕事、健康に幸せを感じているだろうか？　もし感じているなら、適切な選択をしてきた証しだ。しかし、もしそう感じてないなら、これまでの選択を見直す必要がある。

一部の人は人生のさまざまな出来事を振り返り、まるでそれらが自分の身に降りかかってきたかのように感じている。しかし、人生の出来事は偶然によって生じるのではなく、自分の選択によるものなのだ。原因となるような選択をしなければ、結果は生じない。
こんなふうに考えたことはなかったかもしれないが、どんなにささいなことでも、私たちは選択をするたびに自分の未来をつくり出している。言い換えれば、選択をすることは未来を創造することであり、どんなに小さな選択でも、それが新しい道を切り開くことになるということだ。

自分の選択に責任を持とう。そうしなければ、被害者意識にさいなまれるだけだ。もし自分の選択に責任を持てば、望みどおりの人生をつくり出すことができる。

自己責任を受け入れると、もっと大きな恩恵を受けることができる。よりよい選択ができるようになるからだ。そのとき、あなたは満足のいく人生をつくり出すきっかけをつかむことができる。

こう考えてみよう！

人生の幸福は自分の選択の積み重ねで決まる。
注意深く選択をし、よりよい未来を創造しよう。

28 自分の成功を選ぶ

成功とは何か？　最も一般的な定義は、財産、名声、地位を獲得することだ。

一部の親や大人は善意から、わが子の成功のあり方を選ぶ傾向がある。自分が手に入れられなかった成功や、子どもにとって望ましいと思っている成功を子どもに押しつける。

興味深いことに、一部の人は誰もが成功について自分と同じ考え方だと思い込んでいる。実際、人びとの集まりで誰かが頭のよさを自慢すると、ほとんどいつも別の人が「そんなに頭がいいなら、なぜ金持ちじゃないんだ？」と反論する。財産を築くことがすべての人にとって成功の証しであるかのように思っているのだ。

では、本当の成功とは何だろうか？　人生で最も重要だと信じている目標を達成することだ。ある人にとっては幸せで健康な子どもを育てることだし、他の人にとっては仕事で業績をあげることである。芸術家は思うぞんぶんに自己表現ができたときに成功したと感じる。成功については、それ以外にもさまざまな考え方がある。

他の人が求めているのと同じ成功を追い求める必要はどこにもない。自分にとって最も意義深いことを選べばいいのだ。本当の成功とは、したいことができることである。どんなに財産や所有物を増やすことができても、他の人と同じ成功を追い求めることは時間の浪費である。

遠い将来、あなたは自分の人生を振り返って、「他の人と同じ成功を追い求めた」と言うか、「自分が最も重要だと信じることをした」と言うか、どちらだろうか？

ＵＳスチール社の経営者チャールズ・シュワッブは、こう言っている。

「人は自分が最も情熱を感じることに没頭して成功をおさめる」

こう考えてみよう！

他の人と同じ成功を追い求める必要はない。幸せになるために自分の成功を定義しよう。

29 人生を実地研修とみなす

長い人生の中では、人生観を変えるようなショッキングな出来事が起こる。そんな事態に直面すると大きなストレスを感じ、精神的に追い詰められる。大きな苦痛を伴うが、それは人生の一部だから避けることはできない。

だが、たとえどんなにネガティブに見えることでも、ポジティブな要素が秘められている。だから、人生の一大事を実地研修とみなすといい。それに抵抗するのではなく、学習経験ととらえて教訓を学び、自分の人生にとって利益になるようにするのだ。

新しい課題に取り組むたびに、あなたは精神的に成長する。そのときに間違いを犯しても、それは学習経験だと自分に言い聞かせよう。不幸な時期を振り返ると、それがどんなにつらい経験でも何かを学んだことに気づくにちがいない。苦痛や障害を経験しなければ、人間は重要な知恵や技術を学ぶことはできないのだ。
　人生で経験する愉快な時期は大いに楽しもう。だが、人生はそんなに楽しいことばかりではない。私たちはそれを肝に銘じる必要がある。どんな状況や出来事も全面的に良いとか悪いというわけではないから、嘆くのではなく改善する方法を考え、それに取り組むべきだ。
　人生の教訓はつらいこともあるが、悪い面だけではなくよい面もある。人によっては他の人より苦しい時期が長いかもしれない。だが、その経験から学んで同じ間違いを繰り返さないようにすることが、人生をできるだけ簡単にする唯一の方法だ。

こう考えてみよう！

同じ間違いを繰り返さず、精神的に成長するために、つらい経験から教訓を学んで改善しよう。

30 重要な活動にだけ時間を使う

あなたはこれから何年も生き、楽しい人生を送ることができる。だが、永遠に生きられるわけではない。したがって、自分のさまざまな活動の重要性を検討する必要がある。

こんなエクササイズをしてみよう。自分が不治の病に侵され、死期が迫っていると想像するのだ。そのとき、これまでの人生を振り返って「事業を立ち上げたかったのにできなかった」「もっと家族と過ごしたかった」「休暇をとって海外旅行に行ったらよかった」と後悔するか、「どの目標も達成できて嬉しい」と満足するか、どちらだろうか？

年をとってから後悔しながら生きるのではなく、今、自分の人生で最も重要なことを考えよう。人生の目標について考えるためのテーマは、家族、仕事、教育、心の持ち方などだ。それ以外にも重要なテーマがあれば、それを人生の目標に付け加えるといい。

人生の目標を達成するために十分な時間を割くことができない理由のひとつは、生活が不要なことでいっぱいになっているからだ。人生の目標を最優先するのではなく日々の雑事に追われ、重要なことを先のばしにし、結局、何もやらずじまいになっている人があまりにも多い。

人生の目標をリストアップし、紙に書きとめ、毎日見るところに貼っておこう。それが人生の目標を達成するための第一段階だ。そのあとは、あなたしだいである。

こう考えてみよう！

時間は永遠にあるわけではない。
ささいなことよりも人生の目標に取り組もう。

31
強い決意を持つ

業績をあげる人とあげない人の違いは何か？　それは強い決意だ。

十五世紀の半ば、大多数の人が地球は平坦だと信じていた。それに対しイタリアの探検家クリストファー・コロンブスは地球が丸いと確信した。そして当時の常識とは正反対の方向に航海をすればインドに到着できると考え、「そこに行けば、絹や香辛料、宝石、黄金を持ち帰ることができる」と主張した。

だが、コロンブスは航海に必要な資金がなかったため、ヨーロッパの王室に直訴して協力を求めたが、徒労に終わった。スペイン女王イサベル一世に資金援助を申し出たときは、二回とも拒絶されている。

コロンブスは帰途についたが、決して希望を捨てなかった。そんなとき、女王の家臣が追いかけてきて、「女王様はあなたの決意に感銘を受け、航海の資金援助をする用意をしています」と伝えた。

航海は長くて厳しかった。何度も嵐に遭遇して船が沈没しそうになったし、船員たち（大半が罪人で構成されていた）が反乱を起こしたりもした。大西洋は竜や怪獣が棲む危険な場所と考えられていたから、男たちは日に日に恐怖におびえ、引き返すよう迫ったが、コロンブスは成功を確信して航海を続けた。

陸地が見えたとき、船員たちは態度を一変してコロンブスを称賛した。ただし、そこは彼が目指していたインドではなく、現在のアメリカ大陸だった。

あなたもいったん目標を決めたら、コロンブスのように何があっても耐え抜いて達成する決意をしよう。強い決意をしている人間には何事も不可能ではない。

こう考えてみよう！

目標を決め、強い決意によって耐え抜き、どんなことでも成し遂げよう。

第5章
自分の生き方を追求する

32 自分にも相手にも正直になる

他人に好印象を与えるために、私たちはしばしば自分の好ましくない性格や行動を覆い隠そうとする。あるがままの自分では相手が好いてくれないと思っているからだ。しかし、いくら本当の自分ではない人間を装ったところで、違う自分になれるわけではない。

おそらく、あなたが好印象を与えようとしている相手も自分をよく見せようとしている。もしそうなら、おたがいに自分の好ましくない性格や行動を見せたときに幻滅するだけだ。

どんな関係でも、相手にうそをつかれると裏切られたように感じるものだ。本当の自分ではないものを装うことは、うそをついているのと同じことになる。いずれうそがばれると相手に失望し、別れることになる。私たちは見栄っ張りのカラスの寓話から教訓を学ぶことができる。

ある朝、森の神が「すべての鳥を支配する王を任命する」と発表し、「午後に戻ってきたとき、最も美しい鳥を選ぶ」と提案した。

鳥たちは近くの小川に飛んでいき、水浴びをし、羽を整えた。カラスは羽の色が地味だったので選ばれる見込みはないと思った。そこで他の鳥たちが去ったあとで、落ちている羽を集めて自分の体に貼りつけた。カラスは水に映った自分の姿を見ると、自分がいちばん美しいと思った。

森の神が戻ってくると、鳥たちは王座の前に集まった。森の神がカラスを王に選ぼうとしたとき、鳥たちがカラスのまとっている羽をはがし、正体を暴露した。

いくら美しい羽を集めて身にまとっても、美しい鳥にはなれない。うわべを繕うために時間と労力を費やすよりも、自分にも相手にも正直に生きたほうが人間関係は長続きする。

こう考えてみよう！

欠点を隠そうとしても違う自分になれるわけではない。
正直な生き方をして人間関係を構築しよう。

33
自分の問題を最小限に減らす

あなたは「なぜこんなことが自分の身に降りかかるのか？」と思ったことがあるにちがいない。もし一度も重大な問題を抱えたことがないなら、あなたは数少ない幸せ者の一人である。だが、ほとんどの人はそんなに幸運ではなく、毎日のように問題が生じてそれを解決しなければならないのが実情だ。

もし問題が発生する前にそれを取り除くことができたら、どんな気分になるだろうか？　問題を解決する必要がなくなり、すっきりした気分になるはずだ。あなたは実際にこの能力を潜在的に持っている。ただ、その能力を開発していないだけだ。

では、具体的にどうすればいいか？　問題を抱えていることに気づいたら、段階を追って思いをめぐらし、別の決定をしたならその問題が発生しなかった時点にまで時間をさかのぼるのだ。

ある時点で、あなたは問題が発生するような決定をしている。そのとき別の決定をしていたなら、その問題は発生しなかったはずだ。この方法をしばらく実践すれば、問題の数が減ってくることに気づくだろう。なぜなら、より慎重に考え、より賢明に行動するようになるからだ。

なぜもっと多くの人がこの便利な能力を使わないのか？　残念ながら、人びとは問題の原因が自分にあることを認めたがらず、自分以外の人やものに責任を押しつけようとするからだ。

あなたは自分の人生をより簡単にする力を持っている。だから、なんとしてでもそれを開発すべきだ。

こう考えてみよう！

問題が発生する原因は自分の選択にある。
慎重かつ賢明な選択をして人生をより簡単にしよう。

34 孤独を楽しむ

人びとは周囲に誰もいなくなって現実と向き合わなくなったとき、孤独に対してさまざまな反応を示す。不安を覚える人や恐怖におののく人もいる。心の中で自分と対話することができない人は、一人になるとすぐに退屈する。それに対し、一人になることを嫌うどころか、むしろ孤独を大いに楽しむ人もいる。

もしあなたが孤独に対して不安や恐怖を感じるなら、孤独を楽しむことのメリットを紹介しよう。睡眠と同じように心身の疲労をとってくれる。心の平静を取り戻し、身体をリラックスさせて日常生活の動揺や興奮を鎮めてくれる働きがある。外部のプレッシャーから解放されて心が落ち着くと、精神的にリフレッシュすることができる。

一部の人は、孤独とは部屋の中で何もせずに寂しく一人で過ごすことだと考えている。

たしかにそういう側面もあるが、そんなにつまらないものである必要はない。自然の中を歩き、自転車で街中を探索し、一人で趣味に没頭することによって孤独を楽しむことができる。

フランスの啓蒙思想家ヴォルテールは「自然と一体になって孤独を満喫することが、人生で最高の幸せである」と言っている。また、アメリカの思想家ヘンリー・デイビッド・ソローは『森の生活』の中で孤独について情熱的に語っている。

「私は世事から完全に離れて一日に少なくとも四時間は一人で森の中を通り、丘を越え、野原を歩かなければ、心身の健康を保つことができない」

こう考えてみよう！

一人になって没頭すると、精神的にリフレッシュできる。孤独を楽しむことで心の平和を取り戻そう。

35 悪意のある発言を無視する

一部の人は悪意のある発言をすることを楽しむ。動機はさまざまだが、どれをとっても感心できるものではない。たとえば……

1 最近、いやなことがあったから：他人の気分を害すれば、自分の気分がよくなるように感じる。「みじめな者は仲間を求める」という格言のとおりだ
2 相手が嫌いだから：一部の人は誰に対してもあら探しをする。しかしだからといって、それが本当に欠点であるわけではない
3 相手のプライドを傷つけたいから：相手を批判し、罵倒し、侮辱することによって、自分の心の傷を癒そうとする

４　自分の欠点を直視したくないから：他人の欠点を指摘し、人びとの意識をそちらに向ければ、自分の欠点を覆い隠すことができると思い込んでいる

悪意のある発言をして意図的に他人を傷つけようとする人は、心に深刻な問題を抱えている。他人を傷つけようとするときに、はからずも自分の傷を暴露してしまっているのだ。

言いたい人には勝手に言わせておけばいい。自分に向けられた悪意のある発言を真実と受けとめる必要はない。

社会運動家エレノア・ルーズベルト（フランクリン・ルーズベルト大統領夫人）は、こんな含蓄のあることを言っている。

「自分が賛成しないかぎり、誰もあなたに劣等感を抱かせることはできない」

こう考えてみよう！

自分に関するネガティブな意見を受け入れないようにしよう。

36 好かれなくても気にしない

人びとは子どものころに教わったとおり、他者に認められることの重要性を意識して生きている。その結果、人によく思われることをし、よく思われないことはしないことを人生の方針にしている。

当然、そういう生き方では行動様式が限定されるから人生の幅が狭くなる。少しでも逸脱すると、周囲の人から「そんなことをしたら人にどう言われると思う？」と注意される。もし私たちがそれにしたがわないなら、彼らは愛情を与えない、仲間はずれにするといった手段で処罰すると脅した。しかし、もし私たちがそれにしたがえば、称賛や愛情、友情、贈り物という形で恩恵を受けることができる、と彼らは説明した。

以来、多くの人は愛される努力をしてきた。たしかに愛されると気分がいい。だが、他者の承認を求めることは利益より不利益のほうが大きい。なぜなら……

1　承認しないと脅す人にたやすく心理操作される
2　誰かにいつも監視されているという思いにとらわれる
3　他者に自分の人生をコントロールされる

承認には「不可欠な承認」と「選択的な承認」の二種類がある。不可欠な承認は、それがなければ生活に困るものをさす。選択的な承認は、あってもなくても生活に影響をおよぼさないものをさす。選択的な承認は重要なように思えるかもしれないが、とくに価値はない。自分で自分を認める気持ちがあれば、選択的な承認を求める気持ちは消える。

こう考えてみよう！

特別な場合を除いて他者の承認を求めないようにしよう。

37 人を許すことを覚える

誰かにひどく傷つけられて、立ち直れないと感じたことはないだろうか？　こういう状況ではネガティブになりやすいが、どう反応するかは自分しだいだ。ネガティブに反応することが自分のプラスにならない理由はふたつある。

1　自分を傷つけた相手に報復しようとすると、その苦々しい出来事を何度も思い起こさなければならず、余計な苦しみが増す。

2　誰かに対して復讐心を燃やすと、自分の思考と感情と行動を相手に支配されることになる。

反撃するより許すほうがいい。多くの人は許しを宗教的な観点からとらえる傾向があるが、それは日常的な状況でも大切な心がけだ。

なぜ人を許すべきか？　恨みを抱き続けることは腐敗物を持ち歩くようなものだからだ。たとえ自分ではその悪臭に気づかなくても、周囲の人は気づく。相手を許さないかぎり、あなたはいつまでも苦しみ続けることになるが、相手は何も感じない。許すことによって得られる最も素晴らしい恩恵は、心の安らぎだ。

相手を許したからといって、相手を好きになったり交際したりする必要はない。許すとは、自分の怒りと苦痛を解き放ち、不幸な思い出から自由になることだ。

人はみな、不完全な存在であり、間違いを犯したら許してほしいと思うものだ。自分を傷つけた相手もなんらかのことで同様の怒りと苦痛を経験していることに思いをはせよう。

こう考えてみよう！

恨みを抱き続けると苦しみが増し、相手に支配される。人を許して心の安らぎを得よう。

第6章
完璧主義をやめる

38 機転を利かせる

アメリカの思想家ラルフ・ウォルド・エマーソンは、「愚直なまでの一貫性は小人物の証しである」と言った。それを端的に示す逸話を紹介しよう。

フットボールの試合中、選手の一人が大怪我を負った。観客はフィールドの隅に待機していた救急車が駆けつけて選手を病院に運ぶことを期待した。

当然、チームの監督は救急車に合図をし、怪我をした選手のもとに来るよう指示したが、運転手は動かなかった。まもなく観客も救急車を動かすよう叫んだが、それでも運転手は動かなかった。ついに監督が救急車に走り寄り、「なぜ、怪我人を搬送しに来ないのか?」と問い詰めた。それに対し運転手は、「試合中ずっとフィールドの端っこに待機するよう命令されているからです」と答えた。

結局、監督は自分の車で選手を病院にまで搬送し、ことなきを得た。

この問題の原因は何だろうか？　運転手が自分の義務を果たすうえで機転を利かせなかったことだ。もし運転手の上司がこの事態を予見していたら、「選手が大怪我を負ったら、すぐに病院まで搬送すること」と補足していたはずだ。

エマーソンがいみじくも指摘していたのは、臨機応変に対処する必要に迫られているのに原則に固執することの愚かさである。

このことは私たちの日常生活とどんな関係があるだろうか？　私たちが教わってきた原則にあてはまらない状況が多いということだ。昨日うまくいったからといって、今日もそのやり方でうまくいくとはかぎらないし、時と場合によって異なる解決策が必要なこともある。要は、どんな事態に遭遇しても、柔軟な姿勢で対応することが大切なのだ。

こう考えてみよう！

現実では原則にあてはまらない状況が多い。原則に固執せず、臨機応変に対処しよう。

39 自分の間違いを喜ぶ

人はみな、間違いを犯す。世界中のすべての人がそうだ。実際、間違いは全人類に最も共通する経験だと言っても過言ではない。

人は間違いを犯したときに罪悪感を抱き、自分を罵倒しがちだ。「こんなこともできないなんて情けない！」と自己批判をし、「なぜこんな間違いを犯してしまったのだろうか？」と自分を問い詰める。その答えは、適切な方法を知らなかったからだ。もしそれを知っていたら、誰も間違いを犯さない。

わざと間違いを犯す人は一人もいない。誰でもその時点で最善だと思うことをするから、たとえ間違いを犯しても、それは意図的ではない。

端的に言うと、間違いは実験の結果にすぎない。人はみな、自分がとるべき行動を選ばなければならないが、それがどんな結果を招くかは事前にわからない。その時点で決定し、あとになって初めてそれがよかったか悪かったかがわかるのだ。

自分が間違いを犯したら喜ぶべきである。間違いは人間としての成長に不可欠だからだ。どの間違いも学習経験ととらえよう。間違いを犯すことは、人生について学ぶ方法なのだ。間違いを犯さなければ多くを知ることができない。

間違いを犯すことを罪悪としてではなく人生の一部として受けとめよう。自分を責めずに間違いを受け入れることは、健全な自尊心の証しである。

次のことを肝に銘じておこう。本当の間違いとは、間違いを犯したときに何も学ばないことである。

こう考えてみよう！

間違いを犯しても罪悪感を抱く必要はない。健全な自尊心を持ち、間違いから教訓を学んで成長しよう。

40 適当に不完全になる

完璧主義者にとっては、どんなによくできても十分ではない。何でも改善できると信じているから、適当なところで満足することはない。完璧という非現実的なレベルを目標にしているから余計な仕事をつくり出す。しかも、自分の仕事を完璧にしようとするだけでなく、他人をも完璧にしようとする傾向がある。

幸せな完璧主義者を見たことがあるだろうか？　おそらくないはずだ。完璧主義者にとって、人生はかなり深刻な問題だ。何をしても完璧という基準に達することはめったにないので、たいてい失望している。

完璧主義者は他人にも同じ基準を要求する。だが、その願望はかなえられず、常に不満を抱えているために心の平和を得ることができない。

さらに悪いことに、完璧主義者は完璧であることを人間としての価値と同一視する傾向がある。だから、自尊心に欠け、自分の不完全さにいつも不満を感じている。
完璧主義の傾向があるなら、それを軽減する方法を紹介しよう。

1　完璧な出来映えは実現不可能であることを悟る

2　どの課題を始める際にも、その重要性を決める

3　その重要性に応じて出来映えの度合いを定める

命にかかわる仕事は別として、物事は完璧を目指すときりがない。何かをより完璧にする方法はいくらでも思いつくからだ。

こう考えてみよう！

完璧ばかりを求めると心の平和は得られない。
完璧な出来映えでなくても満足しよう。

41

柔軟性を持つ

自分に起こることは、それが何であれ、自分にとって最高の出来事になりうる。もしそう信じたら、どうなるだろうか？　あなたはきっと「そんなことはない」と反論し、過去に体験した不快な出来事をその証拠としてあげるにちがいない。

しかし、もし本当にそう信じたら、どうなるか？　不快な出来事が起こったときに失望せず、その状況のポジティブな面に意識を向けることができるはずだ。

一部の人は、人生の不快な出来事が精神的な発達を促し、重要な教訓を提供し、自分を強くしてくれると信じている。たとえそのときは傷ついても、あとで振り返るとその経験が役立ったと思えることがよくあるからだ。

人生では不快な出来事が何度も起こる。予測することによって未然に防げる場合もあるが、予測できない場合も多々ある。どれだけ注意していても、想定の範囲を超える事態がいくらでも発生する。だが、その現実を受け入れれば、落ち着いて人生を送ることができる。

不測の事態がもたらす衝撃に対処するだけの柔軟性を養えば、幸せで豊かな人生を送ることができる。もちろん、打ちのめされたときに幸せなふりをする必要はない。だが、いずれその経験はなんらかの役に立つ。

柳の木は幹も枝も細くて頑丈そうには見えないが、どんなに嵐が吹き荒れても倒れない。なぜなら、強風に抵抗しようとせずに、うまくしなるからだ。人生で遭遇する嵐に対しても同様の柔軟性を発揮することが大切である。

こう考えてみよう!

人生には必ず不測の事態が発生する。現実を受け入れ、柔軟に対応してピンチを切り抜けよう。

42 心を開く

あなたは自分と違う考え方の人と出会ったとき、相手が間違っていると思う傾向はないだろうか？　自分と違う考え方は無知の産物として切り捨ててしまいやすいが、そういう態度はあまりにも独善的だ。

討論のクラスを受講していると想像しよう。真剣に討論するためには、そのテーマのあらゆる側面について理解を深め、客観的に自分の意見を整理し論理的に提示する必要がある。しかも相手の議論について十分に検討しなければならない。そうしないなら、討論に勝つことができない。

あなたは討論会に参加する人と同じくらい客観的に自分の人生について考えているだろうか？　そして自分と異なる見解について熟考したことがあるだろうか？　ほとんどの人

はそれをしようとしない。惰性で生きていくほうが楽だからだ。しかし、惰性に打ち勝つためには、知性と勇気を持つ必要がある。

残念ながら、自分の小さな考え方の枠の中に閉じこもっている人があまりにも多いのが現状だ。彼らは自分で限界を設定してしまっている。ときにはその枠の外に出ることもあるが、すぐ枠の中に戻る。枠の外に出て自由になるよりも、枠の中で安全に暮らすことを好むのだ。

このように自分の人生を調べると、意外な発見につながる。自分が最も多くの問題を抱えている分野から始めよう。自分探しの旅はさぞかし感動的なものとなるにちがいない。

こう考えてみよう！

惰性を脱して、自分の人生について客観的に熟考し、新しい考え方に心を開こう。

第7章
人間関係を円満にする

43 聞く技術を磨く

会話は最も一般的で最も重要なコミュニケーションの手段のひとつである。だから、話す技術だけでなく聞く技術を向上させることはたいへん有益だ。相手の話を聞き流すのではなく、耳を傾けて一生懸命に聞くことによって学べることはたくさんある。

よりよい聞き手になることは誰でもできる。今度、人と話しているときに次のことを実践してみよう。

1　話している人に100パーセント注意を向ける
2　相手の言葉の要点を理解する努力をする
3　相手に最後まで話をさせる

４　意見を求められるまで話さない

あなたが話を聞いていないなら、相手はすぐにそれを見破る。あなたの無意識のしぐさが、退屈していて注意力が散漫になっていることを明白に示すからだ。

あなたは自分の態度で話し手への敬意かその欠如を伝えている。相手の話に注意を向けることは、話し手への敬意の表れだ。話している人に１００パーセント注意を向けることは、相手への最大の賛辞である。

よい聞き手になることはそう簡単にできることではないが、その目標は達成するだけの価値がある。聞く技術を高めると、自分の人生に良好な変化をもたらすことができる。ぜひ、やってみよう。

こう考えてみよう！

相手に敬意を示して聞くことは、人生を良好にする。
相手の話に耳を傾けて多くのことを学ぼう。

44 ネガティブな人を避ける

世の中にこんなに大勢の人がいるのに、なぜわざわざネガティブな人を選んで交際する必要があるのだろうか？　ドラマの不幸話が好きな人は別として、ほとんどの人にとって不平不満を聞かされるのは退屈で気が滅入るだけだ。

いつも陰気な顔をして口を開けば不満を漏らす人は誰の周りにもいる。どうやら、その人にはいつもいやなことばかり起こっているようだ。困ったことに、本人は自分の問題を誰かと分かち合っているときに幸せを感じている。

ネガティブな人は他人に不満を打ち明けて幸せを感じているかもしれないが、その人の問題は「解決できる問題」か「解決できない問題」のどちらかである。もしその人が解決できる問題にまじめに取り組んでいるなら、あなたはその人を応援し、進歩を称賛するべきだ。それに対しもしその人が愚痴を言うばかりで何ひとつ努力をしていないなら、もっと愉快な友人を探したほうがいい。

不幸話をしたがる人は自分のことばかり考えている。もし不幸話をすることによってあなたの注意を引きつけ、同情や哀れみを得られると感じたなら、その人はもっと聞いてもらえると思い、ますます愚痴を言うだろう。

そういう人があなたの家庭や職場にもいるなら、簡単に縁を切ることはできない。その場合、あらかじめ楽しい話題をいくつか準備しておき、うまく話をそらすよう機転を利かせるといい。最初のうちは相手の抵抗にあうかもしれないが、相手の気分を害さないように話題を変える工夫をしよう。それを続ければ、相手はあなたには不平不満を漏らさなくなるだろう。

こう考えてみよう！

ネガティブな話を聞いても気が滅入るだけだ。なるべくポジティブな人たちと交際しよう。

45 固い友情を分かち合う

あなたはどんな基準で友人を選んでいるだろうか？　友人の条件を列挙しよう。

1　あなたを変えようとせず、ありのままを受け入れてくれる
2　おたがいに相手といっしょにいることが楽しい
3　おたがいに尊敬しあっている
4　あなたに対して正直である
5　同じような関心事を持っている
6　あなたの最大の利益を考慮してくれる
7　困ったときは相談に乗って助けてくれる

自分の都合ばかり考えて責任を放棄すれば、友情は成り立たない。

ウサギは森の中の人気者だった。他の動物たちは、ウサギの友だちになりたがった。ある日、ウサギは猟犬が近づいてくるのを察知し、ウマに遠くまで連れ去ってほしいと頼んだ。ウマは「用事がある」と断った。そこでウシに頼んだ。しかし、ウシは「すまないが、デートの約束がある。きっとヤギが助けてくれるよ」と言った。ヤギに相談すると、ウサギを乗せて走ると背中が痛くなると思い、「ヒツジに相談するといい」と言った。そこでヒツジに助けを求めたところ、「また今度にしてよ。君を助けると、僕が代わりに殺されてしまう」と答えた。

ウサギは必死で逃げながら思った。「本当は、みんな自分のことばかり考えているんだな」

こう考えてみよう！

自分の都合ばかりを考えて友人を選んではいけない。
助け合いの精神で友情をはぐくもう。

46 最善のアドバイスだけを受け入れる

「他人のアドバイスは危険だ」という格言がある。場合によっては、そのとおりだ。では、アドバイスをする人の資質とは何か？　それは問題の性質に大きく左右される。たとえばパソコンについて知りたい場合、専門知識を持っている人のアドバイスに耳を傾けることは正しい選択だ。だが、もしその人が何度も離婚しているなら、その人の恋愛に関するアドバイスは憶測にすぎない。

では、どんな人の意見が参考になるだろうか？

1　人生全般にわたって成功している人

2　知性のある人

３　人間の本質について熟知している人
４　さまざまな経験を積んでいる人
５　あなたのことを親身に思ってくれている人

あらゆる解決策と提案を聞いて慎重に検討したあとで何をすべきか？　ユダヤの格言に「アドバイスを求め、良識にしたがえ」とあるとおりだ。

次のことを肝に銘じよう。最終決定をしなければならないのは、あなた自身だ。どんな決定であれ、あなたはその結果を経験することになる。

こう考えてみよう！

その人の意見が本当に参考になるのか考え、
アドバイスを注意深く選択しよう。

47 もっと親切になる

親切は双方が利益を得る行為である。するほうは与えることの喜びを、されるほうは必要を満たしてもらう喜びを得る。

親切の最も素晴らしい点は、それが自発的であるということだ。誰も人に親切にするよう強制されない。

では、なぜ親切な人がいるのだろうか？　心の中に愛があるからだ。親切は一種の愛情表現である。それは他の人の人生を快適にしてあげたいという善意の表れなのだ。

人はみな、すべての人にもっと親切にする必要がある。何も大げさなことでなくてもいい。励ましの電話をかける、あいさつ状を送る、次の人のために手でドアを開けておく、などなど。ほんの小さな親切でも、相手にとっては嬉しいものだ。

人はみな、いろいろな人たちから親切にされて生きている。自分がしてもらったすべての親切のお返しをしよう。もちろん本人に直接お返しができれば素晴らしいが、その機会は訪れないかもしれない。その場合、その親切を他の人にしよう。きっと相手もそれを感謝するはずだ。

人にもっと親切にしよう。なぜなら、あなたが出会う人はみな、生きていくうえで苦しい戦いを強いられているからだ。

マザー・テレサは、こう言っている。

「どこに行くときも愛を広めましょう。あなたに出会った人がみな、幸せな気持ちになれるよう、顔に笑みを浮かべ、相手を優しいまなざしで見つめ、全身全霊を捧げて親切にすることが大切です」

こう考えてみよう！

自発的な親切はお互いの利益になる。
親切を通じて人に恩恵を与えよう。

48 感情移入をする

感情移入とは、相手への理解を深めるためにその感情や態度を追体験することである。それをさらに一歩進めると、自分の想像力や知識を駆使して相手の感情や動機、環境、背景を把握することを意味する。

感情移入の技術を磨くためには、こんなエクササイズをするといい。まず、誰かについての記事を読み、その人とその行動について考え、動機を検証するのだ。

1 その人は何をして注目を集めているのか?

2 その人の目的は何だったのか?

3 その人が自分の行動を適切だと考えた理由は何か?

4　その人はどのようにそういう信念を獲得したのか？
5　自分が同じことをするためにはどんな状況が必要か？
6　なぜそんなことをしたのか？
7　その行為が適切だと信じる理由は何か？
8　どのようにその信念を獲得したのか？

このエクササイズをもとに、人間の行動様式について理解を深めよう。ただし、あなたの想像力と知識には限界があるため、分析の結果が絶対に正しいとはかぎらない。だが、人間への理解が深まるから、より良い家族、より良い友人、より良い同僚になることができることはほぼ間違いない。

こう考えてみよう！

相手の立場に立つことによって他者への理解を深めよう。

49 約束をしっかり守る

約束とは、一方が合意事項にもとづいて他方のためになんらかの責務を果たすことだ。約束をすることは、誰にとっても生活の一部である。

私たちは家族や友人、従業員、商売人といった人たちと約束をする。仕事の契約、小切手の発行、クレジットカードの使用、お金の貸し借り、結婚、などなど。実際、自分の名前をサインするたびに約束をしていることになる。

仕事の契約や小切手の発行のような約束は公式なものだ。破ると厳罰が科せられるおそれがある。それに対しほとんどの約束は非公式であり、たんなる口約束にすぎない。非公式な約束を破ると無罪放免のこともあるが、重大な問題に発展することもある。

一部の人は非公式の約束を軽く考え、本気で守る気がない。だが、非公式とはいえ、約束を守らないことは不適切な行為だ。平気で約束を破る人は誰からも信頼されない。そういう人は不誠実な人間とみなされ、人格を疑われることすらある。

約束を守ることには、それなりの理由がある。約束を守ることが相手にとってきわめて重要である場合はとくにそうだ。自分が約束を破ることで相手に与える被害を想像しよう。

自分がすると約束したことの重要性を認識しよう。約束をしたのに果たせそうにないなら、相手に前もって知らせるべきだ。もし初めからそれがわかっているなら、「残念ながら、それはお約束できません」ときっぱりと断ればいい。

このことは肝に銘じよう。すすんで約束をしたのなら、すすんで約束を守らなければならない。


こう考えてみよう！

約束を破ると不誠実な人間とみなされる。どんな小さい約束でも守って信頼を高めよう。

50 世話になった人にお礼を言う

あなたは過去の楽しい出来事を振り返って楽しんでいるだろうか？　もしそうなら、それを可能にしてくれた人を好意的に思い出しているだろうか？

もしあなたが大多数の人と同じように「平凡」な人生を送ってきたなら、周囲の人たちに何度も助けられたはずだ。それは学校の先生であり、家族であり、友人であり、それ以外の人たちだっただろう。その人たちが助けてくれたおかげで、あなたはピンチを切り抜けて無事に生きることができたのである。中には、あなたを助ける義務を負っていたわけではないのに、まったくの善意で助けてくれた人たちもいたことだろう。

そこで問題となるのは、あなたはその人たち全員に感謝の気持ちを伝えているかということだ。一部の人は他の人の支援を当然の権利であるかのように考えているが、実際にはそれはその人の厚意によるものである。

自分が受けた恩に感謝する態度を養うには時間がかかることが多い。自分が受けた恩をしっかりと認識するのに何年もかかることすらある。感謝の気持ちを伝えるべき相手の中には、すでにこの世を去っている人もいることを知ると切なくなるものだ。

次の考え方にもとづいて行動しよう。まず、助けてくれたすべての人に感謝の気持ちを伝える。次に、他の人たちがピンチを切り抜けるのを助ける。最後に、自分は死ぬまでずっとなんらかの形で他の人たちの支援に頼っていることを認識し、感謝しながら生きる。

真心のこもった感謝の気持ちは常に歓迎される。自分を助けてくれた人たちに電話をするか直接会って感謝の気持ちを伝えよう。相手はあなたの気持ちをとても嬉しく思うにちがいない。

こう考えてみよう！

他の人たちからの支援はその人の厚意によるものだ。感謝の気持ちを伝えることを日ごろの習慣にしよう。

51 いい友だちを持つ

いい友だちを持つことの大切さは、誰しも認めるところだ。では、友だちにどのような資質を求めるべきだろうか？

あなたの理想の友だちとは……

1　多くの点であなたに似ている人。似たような経歴と経験を持っていれば共通点が多く、おたがいの気持ちが通じやすい。

2　いっしょにいて気持ちが落ち着く人。自分らしくあることができないなら、いっしょにいても楽しくない。

3　いっしょに笑うことができる人。ユーモアの精神を発揮し、笑いを共有することはとても大切である。

4　同じ方向を向いている人。明確な目標を持って生きていきたいなら、あなたの努力を理解し、支えてくれる友だちを持つ必要がある。

5　あなたに敬意を持って接してくれる人。おたがいに尊敬のない関係は、めったに長続きしない。

友情とは何だろうか？　古代ギリシャの詩人エウリピデスは「一人の親友は一万人の親族の価値がある」と言っている。友情とは、それほど貴重なものなのだ。

こう考えてみよう！

友情を大切にし、充実した人生を送ろう。
おたがいを理解し、おたがいを高めあえる
関係が最高だ。

52 八方美人にならない

私たちは友だちを持つのが好きである。だから、友だちが多くなければ、自分に問題があると思い込んでしまいがちだ。そこで私たちは、人に嫌われるおそれのある部分を直して自分を変えようとする。

私たちはそれを「改善」だと思っているが、それはともすると危険な考え方である。人に好かれようとして、人に嫌われるかもしれない自分の特徴をすべて取り除くと、自分のアイデンティティを喪失することになるからだ。

「私の性格はすべての人の気分を害するか、それとも一部の人の好みの問題か？」と自問するといい。ほとんどの場合、それは一部の人の好みの問題であり、あなたにはなんら過失はない。

どれだけ努力しても、すべての人を喜ばせることはできない。自己中心的な性格は人に迷惑をかけるから直すべきだが、それ以外のことについては無理に自分を変える必要はない。

こう考えてみよう！

自分らしさを大切にしよう。
すべての人に好かれる必要はない。

53 礼儀をわきまえる

礼儀とは、相手に対する思いやりのことである。礼儀の本質は、次のふたつの教えに集約される。

1　誰に対しても大切な人として接する。
2　自分がしてほしいと思うのと同じように相手に接する。

礼儀は「マナー」「作法」「ていねいさ」と表現されることもある。しかし、どのように呼ぼうと、それは社会の潤滑油であり、仕事であれプライベートであれ、人と人とのつながりを維持するうえで不可欠である。

礼儀というと時代遅れだと思われがちだが、そうではない。おたがいに礼儀をわきまえれば、人生ははるかに楽しくなる。さらに重要なのは、人びとは相手の行動をもとに人物を評価するということだ。したがって、礼儀をわきまえない無作法な態度は、職場での人間関係と私生活での交友関係を破壊しかねない。

現代人は多忙な生活を送るあまり、礼儀をわきまえなくても許されると思い込んでいるふしがある。しかし、十九世紀のアメリカの偉大な思想家ラルフ・ウォルド・エマーソンがいみじくもこんなことを言っている。

「人生がいかに短くても、礼儀正しく振る舞う時間は常にある」

こう考えてみよう！

礼儀の大切さをしっかり認識しよう。
それはおたがいの生活を快適にしてくれる。

54 ほめて人を動かす

私たちはいろいろな人とかかわって生きている。しかし、中にはつきあいにくい人がいるものだ。

そこで、そういう人でも自分を変えたくなるよう働きかけるコツを紹介しよう。相手に行動を変えさせる最高の方法のひとつは、ほめることだ。なぜ、それはそんなに効果的なのか？　理由は三つある。人はみな……

1　ほめてくれる人に好意を持ち、その人の言うことに素直に反応する。

2　ほめられると、その部分をさらに伸ばす動機づけになる。

3　ほめられると、相手の期待に沿うために自分の言動に気をつけるようになる。

相手の行動が気に入ったときは、どんなささいなことでも相手をほめよう。それは「あなたは素晴らしい」と言って相手を励ますのと本質的に同じことだ。

もちろん人をほめることが万能というわけではない。しかし、誰もが人に認められたいと思っているから、このやり方が功を奏することが多いのはたしかだ。

ただし、ほめ言葉は心のこもったものでなければならない。不誠実なほめ言葉はすぐに見抜かれることを肝に銘じよう。

こう考えてみよう！

「認めてほしい」という相手の欲求を満たすことを心がけよう。
人を動かすためには、叱るよりほめることが大切だ。

55 他の人に奉仕する

私たちはみな、他の人の助けに頼らなければならないことがある。過去を振り返れば、誰かに助けてもらって嬉しかったことを覚えているはずだ。では、その次の局面で何をすべきか？　今度は自分が誰かを助ける番だ。

人を助けるために、何ができるだろうか？　誰もが他の人の生活を快適にできるスキルを少なくともひとつは持っている。周囲を見渡せば、自分のスキルを役立てることができる状況がいくつも見つかるはずだ。もし見つからなければ、さまざまな慈善団体がいつでもボランティアを歓迎している。

人びとに奉仕する人は幸せである。人を助けることで喜びが得られるからだ。社会運動家のヘレン・ケラーは「他の人の生活を快適にしないかぎり、人間は本当の意味で幸せにはなれない」と言っている。

死の床に就いたとき、あなたは自分の生前のおこないをどういう思いで振り返るだろうか？　夜寝る前に、「今日、私は誰かの生活を快適にしただろうか？」と自問しよう。「イエス」と答えられるなら、よく眠れるはずだ。

私たちはみな、自分の生活を快適にしてくれた人びとの恩恵を受けているのだから、世の中に恩返しをするべきだ。ノーベル文学賞を受賞したイギリスの劇作家バーナード・ショーが、こんなことを言っている。

「富を生み出さなければ豊かさを享受する権利がないのと同様、人びとを幸せにしなければ幸せをつかむ権利もない」

こう考えてみよう！

自分のスキルを活用して人びとに奉仕する方法を考えよう。
人びとの生活を快適にすることが、幸せにつながる。

56 愛を育てる

愛とは、水道水のように出したり止めたりするようなものではない。相手を本当に愛しているなら、それはいつも進行中のプロセスでなければならない。

強い愛を感じることは素晴らしい兆しだ。しかし、愛を長続きさせたいなら、いつも相手に愛情をこめて接しなければならない。言い換えれば、自分がそのとき幸せかどうかに関係なく、絶えず自分の言動を通じて相手への愛情を表現する必要があるということだ。

たしかに、二人のあいだに問題が生じたときに愛情を表現することはむずかしいかもしれない。しかし、愛情表現を常に心がけることによってのみ、問題は円満に解決する。

愛はひじょうにデリケートな植物に例えることができる。毎日大切に育てればすくすくと生長するが、少しでも粗末に扱えばすぐに朽ち果てるからだ。

ある賢者がこんなことを言っている。
「愛はエデンの園のリンゴのように自然に実るものではない。それは心をこめて育てなければならないものである」

こう考えてみよう！

絶えず愛情を表現することを心がけよう。
そうして初めて愛は実を結ぶ。

57 無償の愛を実践する

人びとは「愛」という言葉を多用しがちだ。多くの場合、「恋愛」という意味で使われるが、ここで強調したいのは「無償の愛」である。

無償の愛とは、自分を犠牲にしてでも相手を気づかい思いやることだ。言い換えれば、たとえ自分に不都合が生じても、相手にとっての最善を望む気持ちのことである。

では、無償の愛でないものとは何か？　所有欲、嫉妬心、依存心、対抗心、利己主義、偏狭な態度である。

無償の愛は寛容の精神から始まる。つまり、相手に欠点があっても相手を愛するということだ。とはいえ、それは「恋は盲目」という意味ではない。

無償の愛を実践するとき、相手に何を期待すべきだろうか？『星の王子さま』の作者サンテグジュペリが、こんなことを言っている。
「真実の愛とは、見返りをいっさい求めないことである」

こう考えてみよう！

見返りを求めない愛を実践しよう。相手にとっての最善を願う気持ちが大切だ。

第8章
自尊心を高める

58 健全な自尊心を持つ

自尊心はたいへん重要なものだから、長年にわたり人びとの注目を集めてきたことは決して不思議ではない。自尊心は人生のあらゆる側面に大きな影響をおよぼす。たとえば、思考、行動、感情、人間関係、自信、幸せ、成功、などなど。

健全な自尊心を持てば、自分が素晴らしい人間であることを自覚し、他の人と同様に幸せになる価値があると確信することができる。それに対し、もし自尊心が欠如していれば、自信を持つことができず、自分は無価値で不幸な人間だという思いにさいなまれる。

自尊心はどのように形成されるのだろうか？　生まれてから成長するまでずっと、さらに大人になってからも、私たちは自分についての信念を吸収してきた。もし幸せでポジティブな人に囲まれていたなら、それはたいへん恵まれたことである。だが、もしそうでないなら、自分について悪いことを信じて大きくなる。

言い換えれば、乏しい自尊心とは、自分について間違った信念を受け入れた結果であるということだ。したがって、自尊心を高めるためには、正しい信念を身につけるだけでなく、間違った信念を排除する必要がある。

どうすれば自分の自尊心の状態を把握できるだろうか？　乏しい自尊心の典型的な症状とは、①被害者意識に悩まされること、②自分がたいへん劣っていると感じること、③自分が本質的に問題を抱えていると思い込むこと、である。もしこのような症状をひんぱんに経験するなら、自尊心を高めることによって人生を改善すれば幸せになることができる。

自尊心を高める努力をするときは、次のことに留意してほしい。自分の気分が悪くなるような信念は絶対に受け入れてはいけない。

こう考えてみよう！

自尊心を高めるために正しい信念を身につけ、間違った信念を排除しよう。

59 ほめ言葉を素直に受け入れる

あなたは人にほめられたとき、どんな気持ちになるだろうか？　一部の人は相手の言葉に異議を唱え、顔を赤らめ、戸惑いを感じる。私たちは子どものころ、「自慢すると嫌われるから謙虚に振る舞いなさい」と教えられた。だから、ほめられると、「たいしたことはありません」「誰でもできます」「そんなにうまくはありません」などと言う癖がついているのだ。

しかしよく考えると、それは謙虚さの表れではなく、低い自尊心の表れだ。あなたはほめてくれた人に失礼なことをしている。なぜなら、ほめ言葉を否定することは、「あなたの言っていることは見当違いです」と言っているようなものだからだ。ほめ言葉を拒絶するとき、あなたは結果的に相手を拒絶していることになる。

では、真心のこもったほめ言葉を言われたらどうすべきか？　何かがうまくできて、自分が称賛に値すると思うなら、素直な気持ちでそれを受け入れ、笑顔で「ありがとう」と言えばいい。ほめ言葉はあなたへの贈り物であり、あなたが自分を磨くために投資したことに対する賛辞なのだ。

ほめ言葉を拒絶することは、自尊心を損なうことになる。うまくできたと思っているのにそれを否定することは、正直さに欠ける行為だ。それに対し、ほめ言葉を受け入れると気分がよくなり、自尊心が高まり、自信につながる。

人はみな、ほめられたいと思っている。だから、ほめられたときは拒絶する必要はなく、素直に言葉と態度で喜びを表現すればいいのだ。

こう考えてみよう！

ほめ言葉を受け入れてお礼を言うようにしよう。自信につながり、自尊心も高められる。

60 最高の人生を送る

あなたの人生を決定する仕事や友情、恋愛、家庭は理想的な状態か、それとも改善の余地があるか、どちらだろうか？　この質問を投げかけると、ほぼ全員が「もちろん、改善の余地がある」と答える。

では、もうひとつ質問しよう。自分の人生は改善の余地があると思っているにもかかわらず、なぜ改善しないのだろうか？　自分にはそれだけの価値がないと思い込んでいるからだ。たとえ表面的にはそう思っていなくても、心の奥底でそういう思い込みにとらわれている人はたくさんいる。

自分の人生に不満を抱いているのなら、自尊心を高めることによって人生を改善することができる。自尊心とは、素直に自分の価値を認める気持ちのことだ。自尊心を高める方法は、本やＣＤ、カセットテープなどを通じて学ぶことができる。セミナーに参加して直接教えてもらうことも可能だ。

しばらく自尊心を高めることに専念したら、幸せな気持ちになることに気づくだろう。自尊心が高まれば高まるほど、ますます将来の夢が広がる。自分はより幸せな人生を送る価値があると確信できれば、それを実現するきっかけになる。

こう考えてみよう！

夢を実現し、幸せな人生を送る価値があなたにはある。
自尊心を高めて人生を改善しよう。

61 いい友人を選ぶ

自分の本当の意見を友人に言うとどうなるか考えたことがあるだろうか？　相手は「意見が違う」という理由で腹を立てるだろうか？

自己主張を控えるようにしつけられた人の多くは、もし自分と違う意見を聞かされると相手は失望すると思い込んでいる。私たちはのけ者にされるのを恐れるあまり、自分の本音を隠して相手に賛成しているふりをすることがよくある。

人とうまくやっていくために自分の意見を抑圧するとどうなるか？　自分の権利と選択と感情だけでなく、自尊心まで犠牲にすることになる。結局、自分の本当の意見を抑圧するたびに自尊心が低下する。

自分らしくあることができない人間関係とは、いったい何だろうか？　それは間違った人間関係だ。自分の個性を埋没させることが友情の代償であるなら、それはあまりにも高い代償と言わざるをえない。よい人間関係の中では、あなたはあるがままの自分でいることができる。第一、本当の自分ではないイメージをつくり出すことによって、あなたは自分と友人に対して不正直な生き方をしている。

自分の意見を抑圧して本来の自分を隠すのが習慣になっているなら、今日から自分らしさを前面に押し出して生きていこう。あなたが自分の本当の意見を言ったときに反感を抱くような人は、あなたの本当の友人とは言えない。

こう考えてみよう！

自分を抑圧することは自尊心まで犠牲にする。
あるがままの自分を受け入れてくれる友人を選ぼう。

62 無理に好かれようとしない

あなたは長い人生の中で、あなたを嫌う人に出会うことだろう。しかし、相手が危害を加えないかぎり、気にする必要はない。ところが多くの人は誰かに嫌われていることに気づくと、自分に落ち度があると思い込み、それを直そうとする。

なぜ、私たちは人に嫌われると、相手の感情に正当性があると思い込むのだろうか？　最も一般的な理由は、自分のことがあまり好きではないからだ。だから、他人に嫌われると自分に問題があると思ってしまうのである。

そもそも、他人に好かれることが大切だと思うのはなぜだろうか？　たいていの場合、それはそんなに大切ではない。私たちが好かれなければならない相手とは、自分の生活がかかっている人だけなのだ。それ以外の人に嫌われても、別にどうということはない。

たいていの場合、他人があなたを嫌うかどうかは、あなたの問題ではなく、その人の問題なのだ。他人があなたを嫌う最も一般的な理由は、次の三つである。

1　あなたが相手の嫌いな人を思い起こさせる
2　あなたが相手の欠点を思い起こさせる
3　相手に性格的な問題がある

人に嫌われないようにする必要はあるだろうか？　おそらくその必要はない。なぜなら、あなたには問題はないかもしれないからだ。もしあなたに問題があるなら、多くの人がそれを指摘するはずだ。その場合はそれを直すべきである。

こう考えてみよう！

誰かに嫌われてもあなたに問題はない。
すべての人に好かれる必要はないと思うようにしよう。

第9章
ぞんぶんに人生を楽しむ

63 もっと愛を表現する

世界中が愛に飢えている。私たちは愛されていないと感じることが自分だけの問題だと思っているが、それはほとんどの人にとって悩みの種である。もっとひんぱんに愛を感じて表現しよう。そうすれば、人生で経験する問題は減るはずだ（少なくとも、あまり気づかなくなる）。

私たちは愛を感じていないわけではない。問題は、愛を心の中に秘めてしまっていることだ。心の中で感じている愛を親切や思いやりを通じて表現しよう。もちろんそれを声に出して表現できるなら、そうすればいい。とにかくもっと愛を表現しよう。この世界に愛を増やすために、それよりもいい方法があるだろうか？

愛について心に刻んでおくべき事実がいくつかある。

まず、真実の愛とは、見返りを求めない自発的な温かい心のことである。

次に、あなたの心の中の愛の貯蔵庫は、常に満杯である。だから、人にどれだけ愛を与えても、愛が涸れてなくなることはない。

第三に、愛することは愛されることと同じくらい大きな喜びである。

第四に、愛は貴重だから、それを内に秘めたままにしてはいけない。

最後に、あなたは人を愛しているときに最も人から愛される。

こう考えてみよう！

愛を心の中に秘めず、親切や思いやりや、声に出すことで、もっと幸せを感じよう。

64 大いに笑う

多くの著名人が笑いの効用を説いている。アメリカの作家マーク・トウェインはユーモアを「人類の効果的な武器」と呼び、イギリスの喜劇俳優チャーリー・チャップリンは「笑いのない一日は無駄に過ごした一日だ」と言っている。

笑いについて興味深い事実を指摘しよう。

- 健康の増進に役立つ。笑うとエンドルフィンが分泌され、気分がよくなるだけでなく免疫系を強化することができる。
- おたがいのコミュニケーションの潤滑油になる。明るい笑いを取り入れると、ほとんどの会話はなごやかに進行する。

・人生に取り組む姿勢を改善することができる。いらいらや不快感を解消してリラックスするのに役立つ。
・寿命を延ばすことができる。一般に、よく笑う人はそうでない人よりも長生きすることが知られている。
・怒りを鎮めることができる。私たちは怒りながら笑うことはできない。

状況が絶望的に思えたとき、どうすべきか？　誰かが「こうなったら笑うか泣くかしかない」と言うのを聞いたことがあるはずだ。あるいは、あなた自身がそう言ったことがあるかもしれない。その場合、笑うことが常に最高の反応だ。笑っても事態が好転するわけではないかもしれないが、気分的にかなり楽になる。

こう考えてみよう！

笑って人生を快適にしていこう。笑うことで気分も健康も人間関係も良くできる。

65 深呼吸で満ち足りた気分になる

忙しい一日の中でリラックスしようとしたのに、心の中にさまざまな思いが浮かんでリラックスできなかったことはないだろうか？　これは重大な問題だが、解決できない問題ではない。

こんなエクササイズを試してみよう。まず、静かな場所を選んで、ゆっくりと息を吸う。そしてそのたびに「私は安らぎを吸い込んでいる」と自分に言い聞かせ、心の安らぎを感じる。次に、息を吐くたびに「私は満足している」と自分に言い聞かせ、心が満たされているのを感じる。

思考と呼吸を連係させ、ゆっくりと呼吸することで、思考のペースを落とすことができる。その目的は多くの酸素を吸い込むことではなく、安らぎと満足を得ることである。

心は定期的なケアをしなければ収拾がつかなくなるおそれがあり、考えだすとなかなか止まらなくなる。心には、静けさを求める意識と求めない意識の二種類がある。そこで、静けさを求める意識を重視し、このエクササイズに取り組もう。

安らぎに満ちた人生を送りたいなら、毎日5分から20分程度、このエクササイズをする必要がある。外出先で列に並んでいるとき、電車やバス、エレベーターなどを待っているとき、渋滞に巻き込まれたときなど、じっと待たざるをえない状況のとき、このエクササイズをするといい。

毎日、このエクササイズをして何が得られるか？　呼吸が深くなるにつれて、心拍がゆったりとし、血圧が下がり、集中力が高まり、リラックスできるようになる。不安や抑うつなどの不快な感情はしだいになくなり、はるかに快適な人生を送れるようになる。

こう考えてみよう！

思考と深呼吸を結びつけることで、自分の生活に安らぎと満足をもたらそう。

66 ささやかなぜいたくを楽しむ

ぜいたくな暮らしと質素な暮らしの二者択一をする機会が与えられたら、あなたはどちらを選ぶだろうか？　もし莫大な財産があるなら、大多数の人がぜいたくな暮らしをしてみたいと思うだろう。

だが、たとえ財産がなくても、ささやかなぜいたくを楽しむことなら手軽にできる。実例を紹介しよう。

・どんなに忙しくても、すきま時間を利用して日光浴をする。
・チョコレートを買うなら、たまには高級品を選んで一口ずつゆっくりとその芳醇《ほうじゅん》な味と香りを楽しむ。

・装飾品を身につけるなら、豪華な品物を一点か二点だけ買い、それを使うたびに高級感を満喫する。
・外食の回数を減らす代わりに、たまには高級レストランでゴージャスな料理と雰囲気を堪能する。
・休日はベッドの中で一、二時間より長く過ごし、面白い小説を読んで想像の世界に浸る。

ささやかなぜいたくを楽しむ方法は、ほかにいくらでもある。

手軽にぜいたくを楽しむことを習慣にすれば、人生によい影響をおよぼすことができる。
自分はぜいたくをする価値があると確信することによって、自信と自尊心が高まり、心に余裕が生まれてくるからだ。

こう考えてみよう!

自尊心と自信を高めるために
たまにはぜいたくして心に余裕を持とう。

67 特別な日を満喫する

あなたは特別な人生に値する存在だ。もちろん毎日が特別であることを期待するのは現実的ではないが、ときには特別な日を楽しむことはとても重要だ。

好きな日を選んで自分だけの特別な日に指定しよう。特別な機会のためにとっておいた服を着るといい。その日が始まれば、不要な雑用をする必要はない。天気がよければ、外に出て日光浴を楽しんでもいい。天気がよくなければ、傘をさして散歩をするか、屋内で雨の日の楽しみを満喫するといい。

少なくとも今日は日ごろの悩みを忘れよう。自分の力ではどうにもならないことを心配しても意味がない。どうにもならないのなら、成り行きに任せるしかない。

行きたかったけれども行ったことのない場所に行ってみよう。したかったけれどもできなかったことをしてみよう。今日はそういう日だ。

できる範囲内で楽しいことをしよう。自分の部屋を綺麗に装飾しよう。あこがれの高級レストランで食事をしよう。都合がつけば、大切な人と時間を過ごそう。書こうとして書かなかった手紙を書こう。誰かに対して恨みを抱いているなら、そんなものはさっさと捨てて晴れ晴れとした気分で過ごそう。

多くの人はせわしなく生活をしているうちに、自分の人生を送ることができなくなっている。年をとったときに後悔しながら振り返って「あれもしたかった、これもしたかった」と言うくらいなら、今それをしよう。今日を特別な日に指定し、できるだけ思い出深い一日にしよう。

こう考えてみよう！

特別な人生を送るために、
やりたいことをできるだけやる日をつくろう。

68 待ち時間を有効に活用する

交通渋滞に巻き込まれて貴重な時間を車内で過ごさざるをえない状況におちいったことはないだろうか？　あるいは、待ち合わせの場所に到着して、しばらく待たされたことか、長い列で順番待ちをしながらずっと立って過ごさなければならなかったことはないだろうか？

そんなとき、いらいらしたり怒りを感じたりするものだ。私たちはいつも時間不足に悩んでいるため、じっと待っている心の余裕がない。だが、そんなことに悩むより別の方法で対処しよう。たとえば……

1　自分の生き方の指針を記した本を携帯する

2　本や雑誌を携帯し、すきま時間を利用して読む

3　筋肉強化トレーニングをする。ほんの少しの運動でも筋力を維持できる

4　深呼吸をして全身に酸素を供給する

5　リラクゼーションのエクササイズをする

一日は24時間しかないのだから、その一部を無駄にしてはいけない。待ち時間を浪費しないように準備をしておけば、細切れの時間を有効に活用することができる。

こう考えてみよう！

時間不足に悩んでいるからこそ、日常のちょっとした待ち時間を無駄にしないよう準備しておこう。

69
楽しい人生を選ぶ

一部の人は、人生は厳しいものだと教えられて育った。だから、もしそうでないなら、なんとなくずるいことをしているような気がして、自分の力で、人生をむずかしくしなければならないと思い込んでいる。しかし、ときとしてこの考え方は、人間は一生にわたって苦しみ続けるものであり、その報酬として死後に安楽な人生を送ることができるという死生観と結びついている。

一般に、私たちは人生が厳しいものだという考え方をネガティブな人たちから学ぶ。彼らはこの消極的な人生観を後世に伝えることによって自分の義務を果たしていると考えているが、彼らが実際にしているのは、人生を必要以上に厳しいものにする間違った見解を押しつけることだ。もちろん人生は困難なこともあるが、常にそうであるわけではない。

かなりの程度、人生は考え方しだいである。人生は厳しいものだと思うなら、あなたはその「厳しさ」を当然のこととして素直に受け入れる。結局、人生は予想どおりに展開する。

それに対し、もし人生は楽しいものであるべきだと教えられていたら、どうなっていただろうか？　もしまだ人生が楽しいものでないなら、あなたはそれを楽しいものにするために行動を起こすはずだ。たとえ途中で障害に出くわしても、それを乗り越える方法を難なく見つけることだろう。

当然のことながら、あなたは自分の人生観を選ぶことができる。それなら、人生をパーティーやお祭りなどのお祝い事と考えたらどうだろうか。人生は厳しいものである必要がない。人生は考え方しだいで素晴らしく楽しいものになるはずだ。

こう考えてみよう！

人生は困難なものだと決まっているわけではない。
人生のあらゆる面を心から楽しもう。

70 人生の記録をつける

多くの人は、自分の身に起こったワクワクする出来事やささいな出家事を日記に書きとめる。日記には特定の形式はなく、自分が最も書きやすいと感じる形式でつづればいい。日記は一種の断片集で、その中に自分のその折々の思いや考え方、希望、将来の夢などを記録する。日記を書くことで、人生全般に対する洞察を深めることができる。そのときはささいに思えることを書きとめるだけでも、あとになってたいへん興味深い発見につながることがある。

あなたにとって日記はどんな役に立つだろうか？　自分が書いたことを振り返ることによって自分について多くのことを知り、以前よりも深く自分を見つめることができる。また、自分にとって重要なことについて明確に理解することもできる。もし自己啓発に取り組んでいるなら、日記をつけることで自分の進歩と成長の度合いを測定することができる。
　日記はやがて、あなたの宝物となる。しばらく時間が経過してから読み返すと、過去の出来事が細部にいたるまで鮮やかによみがえってくるはずだ。子どもや孫がいるなら、自分の人生の詳細な記録を残すことができるだろう。

こう考えてみよう!

日記をつけることによって人生に対する洞察を深め、
多くの恩恵を受けよう。

71 心の持ち方をポジティブにする

心の持ち方は生き方を決定する。心の持ち方がポジティブなら、仕事もプライベートも充実し、うまくいかないことがあってもそれほど気分を害することはない。それに対し心の持ち方がネガティブなら、仕事もプライベートもいやなことだらけで、いつも自分が損をしているように感じやすい。

心の持ち方は生まれつきではなく、長いあいだの習慣である。日ごろの思考や感情が積もり積もって心の持ち方になるからだ。

ハーバード大学の教授を務めた著名な心理学者ウィリアム・ジェームズは、「近代の最大の発見は、心の持ち方を変えれば人生が変わるということだ」と言っている。実際、心の持ち方は、性格や成功、幸福を含めて人生の大部分を決定する。

人生には楽しいことがたくさんある。しかし、楽しい経験をするためには、心の持ち方をポジティブにすることが必要だ。

こう考えてみよう！

心の持ち方をポジティブにしよう。
それは明るく楽しい人生を送る秘訣だ。

72

楽観的になる

あなたは楽観論者か悲観論者のどちらだろうか？

楽観論者は物事のポジティブな側面を強調するが、悲観論者は物事のネガティブな側面に注目しがちだ。

楽観論者が物事のネガティブな側面に気づいていないわけではない。だが、そんなことにこだわっても意味がないと思っている。それに対し悲観論者は、物事のネガティブな側面に圧倒されがちで、何も始めないうちから「もうダメだ」と思い込んでしまいやすい。

楽観論者と悲観論者の大きな違いを具体的に指摘しよう。

・楽観論者は気力が充実し、健康で幸せな生活を送り、成功する可能性が高い。

・悲観論者は無気力で、不健康で不幸せな生活を送り、失敗する可能性が高い。

悲観主義は心の習慣にすぎない。したがって、物事を楽観的に考えるよう心がければ、悲観主義と縁を切ることができる。

自分の思考に気をつけよう。自分を不幸にする思考をしていることに気づいたら、明るく楽しいことに思考を切り替えよう。しばらくそういう練習をすれば、物事を楽観的に考えることが習慣になるはずだ。

こう考えてみよう！

楽観的になって心の持ち方を改善しよう。
物事を悲観的に考えても何の得にもならない。

73
前向きに生きる

恐怖はふたつの形でやってくる。自分の体が危機に直面したときに感じる合理的な恐怖と、物理的な危機ではないものを恐れるときに感じる不合理な恐怖だ。一般に、後者の恐怖は「心配」と呼ばれている。

私たちの体は恐怖に対してアドレナリンを血液中に放出し、戦うか逃げるか、どちらかの準備をさせる。しかし残念ながら、不合理な恐怖も同様の反応を引き起こす。問題は、アドレナリンが本来の使われ方をしないために血液中に残ってしまうことだ。

それは精神的ストレスの原因になるだけでなく、肉体的な病気を引き起こすおそれがある。たとえば心臓発作、潰瘍、高血圧、胃腸病、皮膚病、呼吸器疾患などなど。このように、心配は無益なだけでなく危険ですらある。

心配は心身のエネルギーを浪費させる。しかし、心配事のほとんどが自分ではどうにもならないことだ。そんなことに時間と労力を使っても意味がない。

心配性の人に朗報がある。心配性は生まれつきの性格ではなく子どものころに身につけた習慣にすぎず、したがって断ち切ることができるということだ。

過去に心配したことを思い出そう。ほとんどの場合、それは現実にならなかったはずだ。たとえ現実になったとしても、それを乗り越えて前進するのが最善の生き方だ。

こう考えてみよう！

心配はしないようにしよう。心配に時間と労力を使っても意味がない。

74 内なる批判者に気をつける

自分の心の中に別人が住んでいて、その人物が折にふれて痛烈な批判をしてくるように感じたことはないだろうか？　実際、ほとんどの人が成長の過程で心の中に「内なる批判者」を宿すようになる。

内なる批判者は、あなたを徹底的にこきおろす。「お前はなんてダメな人間だ」とののしることもある。

もちろん、内なる批判者は実在しない。その正体は、子どものころに親や学校の先生といった権威者から投げかけられた厳しい言葉の寄せ集めである。その中の最も傷つく言葉が、やがて心の中の独り言となり、大人になってからも無意識にそれを繰り返しているのだ。

内なる批判者には三つの特徴がある。

1　弱みをひどく誇張する。ささいなミスを大失敗のようにあげつらう。

2　決して満足しない。どれほどうまくできても、あら探しをする。

3　味方になろうとしない。以前の失敗を思い出させて足を引っ張る。

内なる批判者に対処するひとつの方法は、その批判の内容を記録することである。そして記憶をたどり、それを実際に言ったのは誰だったかを調べてみよう。興味深い発見をするはずだ。

こう考えてみよう！

ネガティブな独り言に気をつけよう。
内なる批判者の言いなりになってはいけない。

75 内なる支援者を育成する

人はみな、心の中で絶えず自分に話しかけている。しかし、心の中の対話に慣れきっているために、その内容に注意を払うことはめったにない。注意を払うとすれば、自分が大きなミスをして、心の中で「なんてバカなことをしたんだ！」という声が聞こえてくるときくらいだろう。

それこそまさに内なる批判者の声だ。しかし、そういう声は私たちの利益にはならないから打ち消す必要がある。

ふたつの物体が同時に同じ空間を占領することができないように、ふたつの思いが同時に心の中を支配することはできない。この原理を応用しよう。内なる支援者を育成してポジティブな思いに意識を集中し、内なる批判者のネガティブな思いを排除するのだ。

たとえば、内なる批判者にミスを指摘されたら、自分の過去の成功を思い起こそう。欠点を指摘されたら、「私は欠点より長所のほうが多い」と自分に言い聞かせよう。こういうポジティブな心の習慣を確立すれば、やがて内なる批判者はあきらめて何も言ってこなくなるはずだ。

こう考えてみよう！

自分の長所や成功体験を思い起こそう。
内なる批判者に対抗するために、
内なる支援者を育成するのだ。

76

逆境を活用する

辞書によると、逆境とは不幸、不遇、災難に見舞われることだ。こんなにいやなものなら、避けて通りたくなるかもしれない。

しかし残念ながら、それはできない。好むと好まざるとにかかわらず、生きているかぎり、精神的・肉体的・経済的な逆境に必ず遭遇するからだ。

とはいえ、逆境は悪いことばかりではない。実際、もし人類が逆境を経験しなかったら、文明は発達せず、私たちはまだ原始人のままかもしれない。

逆境は学習のための貴重な経験でもある。貧しさから身を起こして首相の地位にのぼりつめたイギリスの政治家ベンジャミン・ディズレーリが、「逆境にまさる教育はない」と言っているとおりだ。

逆境に遭遇して初めて自分の強さが試される。そういう経験をすることによって、将来の逆境に、よりうまく対処できる。

障害が立ちふさがっても、柔軟性を失ってはいけない。柳のようなしなやかさを維持し、激しい嵐のときも折れずにしなることが大切だ。

逆境を乗り越えることは、弱い部分を削り取る研磨作業と似ている。どの宝石職人も知っているとおり、宝石は繰り返し磨くことによって輝きを増す。

こう考えてみよう！

逆境に遭遇しても柔軟に対処し、大きく飛躍しよう。
障害が立ちふさがったときは、
自分を磨くチャンスなのだ。

77 幸運をつかむ

運とは何だろうか？　ほとんどの人は、嬉しい出来事にたまたま恵まれることと考えている。宝くじと同じで、偶然に左右されるという考え方だ。しかし残念ながら、そういう幸運に恵まれる確率はきわめて低いと言わざるをえない。

それよりもっと現実的な幸運がある。それは偶然ではなく計画・準備・機会の三段階によって決定される。具体的に言うと、

1　計画　自分が何をしたいかをはっきりさせる
2　準備　努力を積み重ねて能力を伸ばす
3　機会　日ごろの成果を発揮する場を見つける

この手順をふめば、幸運をつかむ確率はかなり高くなる。

大成功をおさめた人に幸運の秘訣をたずねると、ほとんどの場合、「才能を磨くために膨大な時間を割いて、目標を達成するために一生懸命に努力すること」という答えが返ってくる。つまり、一夜にして成功したように見える人でも、幸運をつかむために人知れず努力を積み重ねてきたということだ。

プロバスケットボール史上最高の選手と言われるマイケル・ジョーダンが、こんなことを言っている。

「努力に応じて結果が出る。私は中途半端な努力をしない。中途半端な努力では中途半端な結果しか出ないからだ」

こう考えてみよう！

日ごろから才能に磨きをかけて、幸運をつかむ努力をしよう。幸運の秘訣は、計画を立て、準備をし、機会を利用することだ。

78 チャンスを見つける

「チャンスは一度しかめぐってこない」とよく言われるが、それはまったく事実に反している。おそらく、想像力の乏しい悲観論者の考え方だろう。実際は、あなたの周りにチャンスはいくらでもころがっている。ただ、よく注意していないので気がつかないだけなのだ。

では、どうすればチャンスが見つかるだろうか？　イギリスの名宰相チャーチルは「悲観論者はチャンスの中に困難を見るが、楽観論者は困難の中にチャンスを見る」と言っている。アインシュタインも同じ意見で、「困難の中にはチャンスが隠されている」という言葉を残している。

チャンスはいたるところにある。積極的にチャンスを探そう。最も簡単な方法は、身近なニーズを見つけてそれを満たす工夫をすることだ。実際、一部の人はこの方法を絶えず実践して成功をおさめている。

チャンスが到来するのをじっと待っていてはいけない。チャンスは自ら見つけるものなのだ。発明王エジソンが面白いことを言っている。

「ほとんどの人がチャンスを見逃してしまうのは、チャンスが作業服を着ていて、いかにも大変そうに見えるからだ」

こう考えてみよう！

常にアンテナを張りめぐらせて
社会のニーズを見つけよう。
どれほど困難な状況でも、必ずチャンスはある。

79 感謝の気持ちを持つ

ほとんどの人は感謝の気持ちを持つことを軽く考えている。自分が日ごろ受けている多くの恩恵を当然のことと思っているために、それらのものに対して感謝の気持ちを持つことを忘れているのだ。

突然、荒野で一人ぼっちになったとしよう。あなたにとって、なくて不便なものは何だろうか？　水道水、食料、衣服、住居といった日ごろ当然のことと思っていたものであるはずだ。毎日、私たちは多くのものに頼って暮らしているが、それがなくなったり故障したりするまでその価値に気づかない。

もし日ごろ感謝の気持ちを持たずに暮らしているなら、それは自分が持っていないものに意識を向けているからだ。それに対し、感謝の気持ちを持って暮らしていると、自分が受けている多くの恩恵を大切にするようになる。

幸せと感謝の気持ちは密接に結びついている。自分が持っていないものに意識を向けると、あなたは不幸せな気持ちになる。それに対し、すでに持っているすべてのものに意識を向ければ、あなたは幸せな気持ちになる。感謝の気持ちを持つことは、それくらい有意義なことなのだ。

こう考えてみよう！

日ごろ当然のことと思っていることを見直そう。
自分が受けている恩恵に
感謝の気持ちを持つことが大切だ。

80 間違いから教訓を学ぶ

こんなふうに考えたことはないかもしれないが、私たちが暮らしている世の中は、毎日何かを学ぶ機会を提供してくれる巨大な教室である。私たちはその機会を「間違い」と呼んでいる。

自分が間違いを犯したときの対応は、次のふたつのうちのどちらかである。

1　被害者のように振る舞い、「誰かに頼んでなんとかしてもらおう」と考える。

2　間違いを素直に認めて、「今度はこんなことのないようにしよう」と考える。

人はみな、間違いを犯すものだが、間違いを犯すのが好きな人はいない。幸いなことに、人生には、間違いを避ける方法を学ぶ機会が何度もある。私たちはその機会を積極的に利用すべきだ。

自分の間違いに対して責任を持つことはむずかしいかもしれない。しかし、間違いを避ける方法を学ぶうえで、それはとても大切な心がけである。万能の天才フランクリンがこんなことを言っている。

「自分の間違いを認める勇気を持ち、それを改めようと決意をする人はなんと少ないことだろうか」

こう考えてみよう！

自分の間違いに対して責任を持とう。そうして初めて、間違いを避ける方法を学ぶことができる。

81 リラックスする

成功したいという強い野心と願望を持っている人は、日ごろ何時間も精を出して働く。たしかにそれはいいことである。一生懸命に働けば目標をより早く達成できるからだ。しかし、もしリラックスする時間を持たなければ、好ましくない結果を招くおそれがある。

リラックスする習慣のない人は、精神的にも肉体的にも異常をきたしかねない。心身が疲れているとミスを犯しやすくなり、ともするとそれが深刻な問題を引き起こす。仕事やプライベートでの人間関係がうまくいかなくなり、場合によっては破綻《はたん》することすらある。

リラックスすることが、なぜそんなに大切なのか？　畑を二、三年休ませておくと豊作につながるのと同じように、心身をしばらく休ませることによって生産性が高まるからだ。

こう考えてみよう！

数時間おきにリラックスすることができれば一番いい。
あるいは、一日の終わりに三十分は
オフの時間をつくろう。

第10章
自分に誇りを持つ

82 自分の信念を吟味する

自分らしくあることはいいことだと一般に考えられているが、問題は「自分は誰なのか？」ということだ。なぜ、あなたは今のあなたなのか？　なぜ、あなたは今のような言動をするのか？

多くの点で、脳は図書館に似ている。脳には数億個の脳細胞が満載され、まるで膨大な蔵書のようだからだ。あなたは新しい情報を得て、新しい状況に遭遇するたび、その蔵書を増やした。そしてその知識をデータとして脳に保存してきた。

誰がその手伝いをしたのか？　それは友人や知人、あるいは見ず知らずの人だった。だが、その情報のほとんどは、あなたの保護者や教育者に由来している。その人たちは、あなたが人生で成功するように最大の支援をしてくれたのだ。

その人たちは自分が真理だと思う情報をあなたに提供した。もしあなたが多くの人と同じように従順な子どもだったなら、疑うことなくその情報を受け入れたにちがいない。子どものころに身につけた信念について、あなたは当然だと思い込んで大人になった。

だが、その信念の由来を考えると、あなたは自分の人生ではなく、保護者や教育者が教え込んだ人生を生きてきたことになる。

あなたの信念のどれくらいが本当に自分のものだろうか？　保護者や教育者から教わった信念の正当性について考えたことがあるだろうか？　その信念は今でも有効だろうか？

それを見きわめる方法はひとつしかない。時間をとって自分の信念や思想、価値観をじっくり検証するのだ。その結果、もしそれが間違っていることに気づけば、それを排除する必要がある。

こう考えてみよう！

保護者や教育者から教わった情報について検証し、自分の信念を確認して生き方を改善しよう。

83 自分が世の中に与える影響に気づく

あなたが選択をするたびに何が起こるだろうか？　あなたは変化をつくり出し、そうすることによって自分の人生経験を変える。だが、それで終わりではない。「小さなどんぐりが生長して大きな樫《かし》の木になる」という格言のとおり、最初はささいなことでも、やがて大きくなる可能性がある。あなたの選択は自分の人生経験に影響を与えるだけでなく、多くの人の人生を変える可能性があるということだ。

たとえば、ある人が誰かに腹を立てると、二人とも気分を害する。そしてその二人は別れたあとで出会う人たちに自分の怒りをぶちまける。幸せな感情も同様だ。楽しそうに話をしている人たちは、その幸せを他の人にも伝える。このように、どんな感情も次々と周囲に広がっていく。

ドミノ倒しを想像しよう。ひとつのドミノを倒すと、次々とドミノが倒れる。私たちの行動が周囲の人に影響を与えるのもそれと同じ原理だ。

世の中に影響を与えるのは、私たちの感情だけではない。私たちの行動もまた、地球上の人びとに影響を与える。

あなたがどんな感情を表現し、どんな行動をとるかは、あなたしだいだ。しかし、それはネガティブであるよりポジティブであるほうがずっといい。それはまさに、自分が世の中にとって有益な存在となるか有害な存在となるか、どちらを選ぶかという問題だ。

今後、自分がなんらかの選択をするとき、それが世の中に好影響か悪影響のどちらを与えるかを必ず自問しよう。

こう考えてみよう！

自分の行動が多くの人の人生を変える可能性があると考慮して最善の選択をしよう。

84 自分の感情にだけ責任を持つ

あなたの周囲には、自分の感情を使って、あなたの行動をコントロールしようとする人がいるかもしれない。あなたがなんらかの行動をしないなら、その人は「気持ちを傷つけられた」と言う。その人の気持ちを傷つけないように気をつけることは、まるで感情の地雷原に足を踏み入れるようなものだ。その人があなたを非難するときの決まり文句は、「あなたは冷たい」「思いやりがない」である。

これは一種の心理操作だ。こういう人は自分が被害者であるかのように装うが、実際の被害者はあなたである。なぜなら、その人はあなたを思いどおりに操ろうとしているからだ。

他人を心理操作しようとする人は、自分を弱者とみなし、他人をコントロールすることによって自分が強者だと感じようとする。彼らは自分がコントロールできる相手が増えれば増えるほど、自分が強くなったと感じる。だが、彼らにとって不幸なことに、いかに他人をコントロールしようとしても、たいていの場合、他人は抵抗して言うとおりにはしない。

誰も他人の感情をコントロールすることはできない。あなたがコントロールできるのは自分の感情だけである。心理操作をする人はあなたにコントロールされているふりをするが、実際はあなたの感情をコントロールしようとしている。

あなたの心理を操作しようとする人が周囲にいたら、あなたはどうすべきか？　なるべく避けることだ。もしそれができないなら、あなたが責任を持つことができるのは自分の感情だけであることを伝えるといい。

こう考えてみよう！

心理操作しようとする人を避け、
自分の感情にだけ責任を持とう。

85 言うべきことは言う

あなたは人と話しているとき、自分の意見を言うのを恐れていないだろうか？　私たちは自分の意見を言うと笑われるかもしれないと思い、ためらうことがよくある。子どものころ授業中に先生に質問するのを恐れて黙ってしまったのと同じ心理が、大人になってからも働くのだ。

特殊な意見を持ち、誰も賛成してくれなくても、別にかまわない。あなたは自分と他人に対して正直になるべきだ。仲間があなたの意見を気に入らないなら、あなたは交際する相手を間違えている可能性がある。

もちろん、自分の意見を言うと自分に害がおよぶ状況では、何も言わないほうがいい。だが、通常の状況では、あなたの意見は他の人の意見と同じくらい重要だ。あなたには自分の意見を言って気持ちを表現する権利がある。

ところで、取るに足らない意見というのはあるだろうか？　そんなものはない。たいていの場合、まだ十分に構築されていないだけで、工夫すればきっと素晴らしい意見になる。歴史を振り返れば、素晴らしい意見の多くは、受け入れられるまで何度も嘲笑されてきたことがわかる。

イギリスの経済学者・哲学者ジョン・スチュワート・ミルは、こう言っている。

「意見を言わないことは、人類にとって損失である。その意見を持っている人よりも、その意見と異なる考え方の人にとって、損失はさらに大きいものとなる。もしその意見が正しいなら、自分の間違いを正す機会が失われるし、もしその意見が間違っているなら、自分の意見の正しさを明確に認識する機会を失うことになる」

こう考えてみよう！

自分と相手に対して正直になり
自分の意見を言う権利を行使しよう。

86 自分らしさを大切にする

あなたは毎日、何人の異なる人物になっているだろうか？　家族と過ごしているときは第一の人物、仕事をしているときは第二の人物、友人といるときは第三の人物、一人でいるときは第四の人物になっている。それだけではない。あなたは一日の中で時と場所に応じて一時的に多くの人物になる。

なぜこんな指摘をするのか？　接する相手を変えるたびに、あなたも変わるからだ。あなたは相手の期待に応じて自分の性格のいくつかの側面を隠している。

もちろん、それは場合によって必要なことだ。自分の最悪の性格をあらわにして周囲の人に許容してもらうことはできない。だが、すべての人を常に満足させようとしてもうまくいかない。そんなことをしても神経をすり減らして疲れ果ててしまうだけだ。

環境に合わせるために自分の性格を変えなければならない状況をすべて把握しよう。さまざまな人間関係に合わせるために自分をひんぱんかつ大幅に変えていることに驚くはずだ。

自分を変えるたびにしていることを発見するために、自分が一日の中でなっているすべての人物をノートにリストアップしよう。そしてそれぞれの下に、その人間関係を成立させるための代償と、隠さなければならない自分の性格の一面を書きとめよう。

理想的な環境は、あなたが常に自分らしくいられる環境である。だが、それはいつも可能であるわけではない。とはいえ、多大なストレスを感じる不快な状況から自分を遠ざけることはできる。

こう考えてみよう！

接する相手によって自分がどんな人物になるのか整理し、自分らしくいられる環境に身を置こう。

87 今すぐに自分を受け入れる

あなたは自分を無条件で完全に受け入れているだろうか？　残念ながら、そんな人はほとんどいない。私たちはたいてい自分にハードルを課して、それを飛び越えるまで自分を完全に受け入れようとしない。私たちが自分に課すハードルとは、学位を取得する、会社を経営する、家を買うといったさまざまな目標のことだ。

とはいえ、目標を設定して達成することを批判しているのではない。むしろそれは称賛に値することである。問題は、私たちがなんらかの目標を達成するまで自分を受け入れようとしないことだ。つまり、私たちは「なんらかの目標を達成するまで自分は無価値な存在だ」と自分に言っているのだ。

しかし、これは見当違いな考え方だ。あなたは自分を受け入れるために自分を大きく変える必要はない。たしかに欠点を直す努力はすべきだが、あなたは今のままで十分に価値のある存在なのだ。

皮肉なことに、今すぐに自分を受け入れることによって、あなたは自信を持つことができ、目標を達成しやすくなる。

完全な人は一人もいない。私たちにできることは、自分の最善の状態に到達するよう努力することだ。それが他の人と比べて優れているか劣っているかは関係ない。とにかく、私たちは自己ベストを目指せばいいのだ。

こう考えてみよう！

目標を達成していなくても、今のままで自分に価値があると認め、最善の状態を追求しよう。

88 自分のユニークさに気づく

ときおり、あなたは他の人たちとものの見方や考え方、人生観が違っているように感じることはないだろうか？　もしあるなら、それは嘆くべきことではなく、むしろ祝うべきことである。

人間はケーキのようなものだ。あらゆる種類のケーキがあるのと同様、あらゆる種類の人がいる。人はみな、見た目は多少似ていても、成分が大きく異なっている。糖分の多い人、脂肪の多い人、水分の多い人、などなど。

それだけではない。人間の内面的な成分は、遺伝・教育・経験である。他の人と似ている部分もあるかもしれないが、分量と組み合わせが常に異なっている。要するに、あなたはユニークな存在なのだ。

一部の人にとって、このユニークさは悩みの種である。誰も自分を完全に理解してくれず、他の人たちとうまく折り合いをつけることができないと感じているからだ。しかし、誰もがこの感情を抱いているという事実を認識すべきである。

あなたはユニークな存在であるがゆえに社会に多くの恩恵を与えることができる。独自の才能、能力、スキルによって世の中に独自の貢献ができるからだ。世界中であなたとまったく同じ立場や状況の人は絶対に存在しない。

ただし、あなたがユニークな存在だからといって、あなたが人より優れているとか劣っているというわけではない。あなたが他のすべての人と同様にユニークな存在だという意味である。

こう考えてみよう！

他の人と違っていることがあたりまえ。
独自の才能を発揮して世の中に独自の貢献をしよう。

89 自分を売り込む

自分を世間に売り込みたい人は大枚をはたいて広報担当者を雇い、さまざまなメディアに自分の存在をアピールしてもらう。しかし、ほとんどの人は広報担当者を雇う経済的余裕がないから、自分で売り込むことが必要になる。

もしあなたが一生懸命に才能を磨いてきたなら、それを人びとに知ってもらうことはなんら間違っていない。もちろん自慢したり大口をたたいたりすることは慎まなければならない。しかし、本当に自信があるのなら、謙虚な気持ちで自分をアピールすることはとても大切だ。

内気なために自己PRが苦手な人でも、練習すればできるようになる。内気な性格は努力しだいで直るものだ。何度もリハーサルをしたあとで、勇気を出して相手に自分を売り込むといい。

あなたの才能は人びとに知ってもらって初めて有効に活用できる。自分だけしか知らないのなら、いくら才能を磨いたところで何の役にも立たない。

政治家、科学者、発明家、著述家として幅広く活躍したベンジャミン・フランクリンは、「天は自ら助くる者を助く」と言っている。自分をアピールすることは、自らを助ける最高の方法のひとつである。

こう考えてみよう！

自分が磨いてきた才能は積極的にアピールしよう。
謙虚な気持ちは忘れないまま、
人びとに知ってもらおう。

第11章
心を磨く

90 常にベストを尽くす

退屈だと感じる仕事をしなければならないとき、いいかげんにやってすませようという気になりやすい。しかし、もしこの誘惑に屈するなら、あなたはベストを尽くさずに安易な道を選んでいることになる。

やがて、いいかげんな仕事をすることが習慣になり、仕事以外のことでもいいかげんになりやすい。周囲の人は口に出しては言わないが、あなたをいいかげんな人間だと思うだろう。

それに対し、常にベストを尽くしたらどうなるだろうか？　周囲の人はあなたの責任感の強さに感銘を受け、あなたを信頼して心から尊敬するはずだ。常にベストを尽くす人物という評価を確立すれば、あなたはますます重要な仕事を任せられる。

成功者に共通する特徴のひとつは、何をするときでもベストを尽くすという強い意欲を持っていることだ。人生で成功をおさめたいなら、常にベストを尽くす必要がある。アインシュタインがこんなことを言っている。

「どんな状況でもベストを尽くそう。それは人間としての尊い責務である」

こう考えてみよう！

何をするときでも、常にベストを尽くそう。
その習慣は計り知れないほど大きな利益をもたらす。

91 先のばししない

「今はしたくないから、あとでしよう」。あなたはよくそんなふうに自分を甘やかしていないだろうか？

実際、私たちはしたくない課題を先のばしにしがちだ。その際、「つまらない」「単調だ」「厄介だ」などさまざまな言い訳をするが、どれをとっても正当性がない。ときには何年も先のばしにし、自分の評判を落としている。

私たちは想像力を働かせて課題を実態よりはるかにむずかしく考え、「どこから取りかかっていいのかわからない」と悩む。問題は、先のばしにすればするほど、むずかしく思えてくることだ。

先のばしは悪癖である。それを直すヒントを紹介しよう。

1　期日を設定する。期日がなければ、いつまでも仕上がらない。
2　予定を組む。その課題に取りかかる時間を一日の予定に入れる。
3　最初にいやな課題に取り組む。その課題を終えれば、そのあとが楽しくなる。
4　大きな課題を細分化する。一つひとつが簡単に見えてくる。
5　課題に取り組む。いったん取り組めば、やりとげられるという確信が持てる。

ノーベル文学賞を受賞したインドの詩人タゴールが、こんなことを言っている。
「じっと水を見つめているだけでは海を渡ることはできない」

こう考えてみよう!

「大事なことは今すぐする」をモットーにしよう。
先のばしすればするほど、実行がむずかしくなる。

92 創造性を目覚めさせる

創造性の豊かな人とは、どういう人のことをいうのだろうか？　一般的には、画家や音楽家、小説家のような芸術や文学に携わっている人をさすが、実際にはそれだけではない。創造性の豊かな人はさまざまな分野で新しいアイデアを思いつき、画期的な製品やサービスを考案したりするからだ。

創造性は、一部の人にだけ与えられた特殊な才能ではない。誰もが創造性を持っているのだ。しかし残念ながら、私たちは大人になるにつれて創造性を発揮しなくなる。ピカソが「子どもはみな、芸術家である。問題は、どうすれば大人になってからも芸術家でいられるかだ」と言っているとおりだ。

自分の中に眠っている創造性を目覚めさせる方法を紹介しよう。通常の思考パターンをやめて、日常的な事柄について十通りのやり方を考えてみるのだ。毎日、練習すれば、数週間後には新しいアイデアがいっぱい浮かんでくるはずだ。どれもがうまくいくとはかぎらないが、それは大天才でも同じである。

創造性を発揮する喜びと興奮を経験しよう。そのためには想像力が欠かせない。アインシュタインが「想像力は知識より大切である」と言っているとおりだ。

こう考えてみよう！

毎日、創造性を発揮する練習をしよう。
やがて創造的なアイデアが次々と浮かんでくる。

93 自分で調べる

あなたは「専門家」という言葉を聞いて何を思い浮かべるだろうか？　おそらく、ある分野の権威や知識の豊富な人物を思い浮かべるはずだ。

とはいえ、たった一人の専門家の意見をもとに重要な決定をくだそうとしているなら、考え直したほうがいい。それには三つの理由がある。

1　専門家同士で意見が一致しないことがある。実際、専門家のあいだで意見が大きく分かれることが多い。

2　一部の専門家の意見は時代遅れである。現代社会では情報が氾濫しているため、すべての情報に精通している専門家はおそらく存在しない。

3　専門家の意見は時として有害である。たとえば、従来の方法に重大な欠陥があることが判明し、別の方法にとって代わられることがよくある。

専門家の意見には耳を傾けるべきだが、自分で調べもせずに鵜《う》呑《の》みにすることは賢明ではない。インターネットにアクセスできるなら、検索サイトで調べよう。それができないなら、図書館に行って調べるといい。

どの専門家を信頼するかは、じっくり検討してから決めるべきことだ。最終的に自分の決定の結果を体験するのは自分自身であることを肝に銘じておこう。

こう考えてみよう!

専門家に聞くだけでなく自分で調べてみよう。
専門家を妄信するのは、
時としてたいへん危険である。

94

変化を歓迎する

多くの人は変化をひどく嫌う。長い時間をかけて自分の生活を設計してきたので、ずっとそのままにしておきたいと思うのだ。しかし残念ながら、そういう態度では失望を経験することになる。なぜなら、永遠に変わらないものは存在しないからだ。

変化を起こしたくないとき、人びとはそれに抵抗を試みる。それが徒労に終わることを理解していないからだ。それだけではない。必要な変化を起こす努力を怠っていると、かえって変化にのみ込まれてしまうおそれがある。

変化について前向きに考え、賢者と同じように行動しよう。すなわち、人生を向上させるために変化を利用するのだ。変化が訪れたことを嘆くのではなく、人生を向上させるチャンスととらえ、幸運が訪れたのだと考えればいい。

人生では何かがずっと同じままであることは決してない。生きることは絶えず変化にさらされることなのだ。

進化論を唱えたイギリスの生物学者チャールズ・ダーウィンが、こんなことを言っている。

「最も強い生物や最も賢い生物が生き残るのではない。変化に最もうまく適応する生物が生き残るのだ」

こう考えてみよう！

変化の中に隠されているチャンスを見つけよう。
変化を拒絶するのではなく歓迎することが大切だ。

95 勇気を出す

勇気を出すというと、川で溺れている人や燃えている高層ビルに取り残された人を救助するといった危険な行為を連想しがちだ。もちろんそれも勇気を必要とするが、そのほかにも勇気を必要とする局面がある。たとえば、

・人道にもとる行為の依頼を断るとき
・リスクを伴う不測の事態に対処するとき
・困難に直面しながら果敢に道を切り開くとき
・周囲の反対を押し切って信念を貫くとき

勇気を出して行動する人が、心の中で恐怖を感じていないわけではない。結果が予測できなくても、そういう人は恐怖を乗り越えて行動する。

私たちはみな、勇気を持って生まれてくるわけではない。難局に立ち向かい、障害を克服することによって後天的に勇気を身につけるのだ。

古代ギリシャの哲学者アリストテレスが、こんなことを言っている。

「勇気は人間のすべての資質の基本である。なぜなら、すべての資質を可能にするのは勇気だからだ」

こう考えてみよう！

恐怖を乗り越えて積極的に行動しよう。
そうすることによって勇気が身につく。

96 建設的な批判だけを受け入れる

批判には二種類ある。建設的なものと破壊的なものだ。

建設的な批判とは、あなたのことを親身になって考えてくれている人の助言のことだ。ときには苦言を呈することもあるかもしれないが、相手はあなたのためを思って助言してくれている。

破壊的な批判は、それとはまったく異なる。相手はあなたのためを思って助言してくれているのではなく、あなたを傷つけることを意図している。それにはさまざまな理由がある。

一部の人は自分の力不足を痛感し、あなたをねたんでいる。あなたの優れた部分に嫉妬し、悪意のある批判をして自分と同じレベルにまであなたを引きずりおろそうとする。また、別の人はあなたの注意を引きたがっている。
では、人から批判されたときはどう対処すべきか。心を開いてすべての批判に耳を傾けよう。そしてその中の建設的な批判だけを受け入れ、改善に向けて努力すればいいのだ。

こう考えてみよう！

建設的な批判だけを参考にしよう。
破壊的な批判を受け入れる必要はない。

97 励ましを得る

人生ではうまくいかないことがよくあるものだ。そういうときは、励ましが必要になる。だが、それをどこで得ればいいのか。同じように夢を追いかけている友人がいれば、おたがいに励ましあうことができる。

もしそういう友人がいないなら、そういう友人をつくればいい。真の友人なら、あなたが夢を追いかけるのを励ましてくれるはずだ。それに対し、あなたの努力をけなしてばかりいる人は真の友人ではない。そういう人は、あなたが夢を追いかけるのをやめさせようとする。

しかし、もし励ましてくれる友人がどうしても見つからないなら、いったいどうすればいいのか？　成功者の人生を記した伝記や自叙伝を読んで、彼らがどのようにして励ましを得ていたかを学ぶと効果的だ。

励ましが最も必要になるのはいつだろうか？　それは挫折の直後だ。実際、長い目で見ると、成功と失敗の唯一の違いは、なんらかの形で励ましが得られるかどうかである。

こう考えてみよう！

励ましてくれる人がいないなら、自分で自分を励まそう。成功者がどのように励まされたかを調べると参考になる。

98 落ち着いて行動する

突然、重大な事態が発生したとしよう。頭に浮かんだ最初の行動をとるか、理性的に判断して最善の行動をとるか、あなたはどちらを選ぶだろうか？

あせってすぐに行動しようとするかもしれないが、たいていの場合、それは間違いである。どういう結果を招くかをよく考えず、一時の喜びや安心のために行動すると、あとで深刻な問題に発展しやすいからだ。

もし衝動的に行動する癖があるなら、その傾向はぜひとも改める必要がある。ここで、三つのキーワードをしっかり覚えておこう。それは「待つ」「考える」「選ぶ」である。

1　待つ。重大な事態が緊急事態とはかぎらないから、すぐに行動を起こそうとせずに

少し間をおこう。

2　考える。選択肢をリストアップし、その中で最善の結果につながるのはどれかを自問しよう。

3　選ぶ。目先の利益を追い求めるのではなく、長期的視野に立って自分に最大の利益をもたらす行動を選ぼう。

衝動的な行動は理性的ではない。私たちは冷静さと慎重さと思慮深さの三つをあわせ持つ必要がある。

こう考えてみよう！

目先の利益より長期的な利益を優先しよう。
少し待ち、よく考え、正しく選ぶことが大切だ。

99 思いきり遊ぶ

遊びとは何だろうか？　それは、純粋に楽しみのためにする活動である。私たちは子どものころによく遊んだものだが、大人になるころには遊び心を忘れてしまっている。

私たちはいつのまにか、大人の遊びは競争を伴い、勝者と敗者の区別を明確にするものでなければならないと思い込むようになった。しかし、遊びが勝者と敗者を生み出すようになると、それはもう遊びではなく真剣勝負になる。

私たちは子どもが無邪気にたわむれているのを見るとうらやましくなり、「自分もあんなふうに遊んでみたい」とひそかに思う。ところが世間の目を気にするあまり、「いい年をして大人気ない」と思われるのを恐れて遊ぶことをためらう。

しかし、遊びたいという衝動を感じたら、思いきり遊ぼう。一人でも誰かといっしょでもいい。優劣を競う真剣勝負をするのではなく、自由奔放にたわむれて楽しもう。童心に返って遊ぶ絶好の機会だ。

もちろん大人としての責任と自覚を忘れてはいけないが、私たちは子どもと同じように遊ぶ時間を必要としている。遊ぶことは自分を独創的に表現する機会であり、心身の健康に魔法のような作用をおよぼす最高の活動のひとつなのだ。

こう考えてみよう！

思いきり遊んで心身をリフレッシュしよう。
それは明日への活力になる。

100 許す

誰かにいやなことをされたら、あなたはどのように感じるだろうか？　ほとんどの人は相手に復讐を誓う。たしかに復讐を果たせば気分がすっきりして満足できるように思うかもしれないが、実際には大きな不利益をこうむることが多い。たとえば……

1　相手に復讐しようとすると、精神的な痛みを繰り返し経験することになる。
2　前を向いて生きていくべきなのに、絶えず後ろを振り返らざるをえない。
3　相手への怒りと憎しみのために、自分がつらい思いをし続ける。

許すことは、相手への怒りと憎しみで凝り固まった心を解き放つことである。許すことをかたくなに拒むかぎり、いつまでも過去に固執し、ずっと苦しみ続けることになる。

インド独立の父マハトマ・ガンジーがこんなことを言っている。

「弱い人間は相手を許すことができない。それができるのは強い人間の証しだ」

こう考えてみよう！

許すことは、相手のためだけでなく自分のためでもある。早く気持ちを切り替えて、すがすがしい気持ちで生きていこう。

訳者あとがき

本書は、２００６年に刊行された『自信の法則』と、２００９年に刊行された『１日５分で自分に奇跡を起こす法』を合わせて再編したものです。

著者のジェリー・ミンチントンはアメリカの著述家で、心理学に造詣が深く、自尊心の重要性を強調しています。

ここでいう自尊心とは単なるプライドのことではなく、自分の人格や能力に幸せを感じることであり、「自分の価値」を認める気持ちのことです。著者は自尊心が人生の質を大きく左右すると主張しています。

自尊心を持つということは、自分を向上させる力を心の中に持っているということです。自分の人生に満足できていない人は、人生を改善する必要がある、と著者はいいます。自分を向上させることで、人間関係や経済力、健康などの大切な側面も改善されることに私たちは気づくのです。

本書では、自尊心を高めるためのヒントを100個紹介しています。その中でも重要なのは「自分を受け入れる」ということです。その理由は、「ありのままの自分を認めて、好ましくない部分を受け入れることで、初めて変化を起こすことができる」と説明されています。

また、多忙な生活を送っている中でも、もう一度目次に目を通し、自分にとって意味のありそうな項目をさがしたうえで、一日わずか五分でいいから、そのことについて考えてみてほしいと著者は強調しています。自分の価値に気づき、向上させるために少しずつでも実際に何かをはじめてみることが大切だ、ということです。

読者のみなさまが健全な自尊心を持ち、より良い人生を送られるうえで、本書が一助になれば幸いです。

訳者しるす

ディスカヴァー携書 171

自分の価値に気づくヒント

発行日　2016年8月10日　第1刷
　　　　2016年8月25日　第3刷

Author　ジェリー・ミンチントン

Translator　弓場　隆
Illustrator　後藤範行
Book Designer　石間　淳

Publication　株式会社ディスカヴァー・トゥエンティワン
〒102-0093　東京都千代田区平河町2-16-1 平河町森タワー11F
TEL　03-3237-8321（代表）
FAX　03-3237-8323
http://www.d21.co.jp

Publisher　干場弓子
Editor　林　拓馬

Marketing Group
Staff　小田孝文　中澤泰宏　吉澤道子　井筒浩　小関勝則　千葉潤子
飯田智樹　佐藤昌幸　谷口奈緒美　山中麻吏　西川なつか　古矢薫
原大士　郭迪　松原史与志　中村郁子　蛯原昇　安永智洋　鍋田匠伴
榊原僚　佐竹祐哉　廣内悠理　伊東佑真　梅本翔太　奥田千晶
田中姫菜　橋本莉奈　川島理　倉田華　牧野類　渡辺基志　庄司知世
谷中卓
Assistant Staff　俵敬子　町田加奈子　丸山香織　小林里美　井澤徳子　藤井多穂子
藤井かおり　葛目美枝子　伊藤香　常徳すみ　イエン・サムハマ
鈴木洋子　松下史　永井明日佳　片桐麻季　板野千広　阿部純子
岩上幸子　山浦和　小野明美

Operation Group
Staff　池田望　田中亜紀　福永友紀　杉田彰子　安達情未

Productive Group
Staff　藤田浩芳　千葉正幸　原典宏　林秀樹　三谷祐一　石橋和佳
大山聡子　大竹朝子　堀部直人　井上慎平　塔下太朗　松石悠
木下智尋　鄧佩妍　李瑋玲

Proofreader　株式会社鷗来堂
DTP　株式会社RUHIA
Printing　共同印刷株式会社

ISBN978-4-7993-1941-3

携書ロゴ：長坂勇司
携書フォーマット：石間　淳